Ralph Ludwig
Die Prophetin

Dorothee Sölle
1929–2003

Ralph Ludwig

Die Prophetin

Wie Dorothee Sölle zur Mystikerin wurde

Herausgegeben von Uwe Birnstein
in der Reihe „wichern porträts"

Wichern-Verlag

Ralph Ludwig, Dr. theol., geboren 1943, war zunächst Pfarrer in Heidelberg, dann von 1983 bis 2006 Redakteur beim Norddeutschen Rundfunk (Religion und Gesellschaft). Heute arbeitet er als Schriftsteller. Zahlreiche Veröffentlichungen zu theologischen Themen.

Zitate von Dorothee Sölle sind kursiv gesetzt und im Original belassen.

© Wichern-Verlag GmbH, Berlin 2008
Umschlag: Glutrot GmbH, Berlin
Satz: NagelSatz, Reutlingen
Druck und Bindung: Elbe Druckerei Wittenberg GmbH
ISBN 978-3-88981-239-1

Inhalt

EINLEITUNG
– 7 –

ERSTES KAPITEL
Frömmer?! Radikaler!?
– 9 –

ZWEITES KAPITEL
Das Mädchen aus gutem Hause
– 16 –

DRITTES KAPITEL
Leidenschaft für das Unbedingte
– 23 –

VIERTES KAPITEL
Lehrerin – und dann?
– 33 –

FÜNFTES KAPITEL
„Gott ist tot": eine Provokation
– 40 –

SECHSTES KAPITEL
Partner, Freunde, Weggenossen
– 54 –

SIEBTES KAPITEL
Die Theopoetin
– 63 –

ACHTES KAPITEL
New York, die Tür zur Ökumene
– 78 –

NEUNTES KAPITEL
Kirchentag und Friedensbewegung
– 96 –

ZEHNTES KAPITEL
Mystik und Glück
– 105 –

Bibliografie
– 113 –

Bildnachweis
– 115 –

Lebensdaten
– 116 –

Zitate
– 119 –

Einleitung

Je deutlicher uns unsere Wünsche werden nach einem wirklichen Leben in Freiheit, in Gerechtigkeit, in Großmut, in Heiterkeit, umso leidenschaftlicher wünsche ich mir davon ein Stück verwirklicht, ein kleines Stückchen Brot jeden Tag, das wäre sehr schön. Keine Spur von Härte war in ihrer Stimme, als Dorothee Sölle eines der Interviews schloss, die ich mit ihr führte. Hart und manchmal schrill wurde ihre Stimme immer nur dann, wenn sie über die Widerstände redete, die politischen Verhältnisse, die *das kleine Stückchen Brot jeden Tag* zur bloßen Phantasie pervertierten. Dann wurde sie, wie ein Kritiker einmal schrieb, zur „Brandrednerin". Was die Kritik an der politischen Wirklichkeit in Deutschland und in den westlichen Ländern anging, ließ sie es niemals an Härte fehlen; ihre sonst scharfsichtigen Analysen wurden dann recht holzschnittartig und grob. Eine Welt, in der den Armen das Evangelium nicht nur gepredigt wird, sondern in der es den täglichen Hunger stillen hilft und in der die Reichen nicht traurig von dannen gehen müssen, weil sie den *Tod am Brot allein* sterben müssen: Diese Vision hat sie nie aus dem Blick verloren. *Wir müssen radikaler und frömmer werden –* diese Forderung hat sie vor allem an sich selbst gestellt. Radikaler ging es kaum, was ihren eigenen Einsatz für den Frieden, gegen die Rüstung, für den Auszug von Frauen und Männern aus den alten patriarchalischen Strukturen angeht. Frömmer aber ist sie in der Tat geworden – wenn man so ihren langen Weg von einer „säkularisierten" Kindheit bis zur Begegnung mit der Mystik als einer elementaren religiösen Erfahrung nennen kann. *Je mehr ich von Gott rede, umso mehr gerate ich ins Gebet oder in die Poesie*, erklärte sie mir im Sommer 1998.

Ich wusste nicht, dass dies unsere letzte Begegnung sein würde. Erst recht nicht, dass ich mich fast zehn Jahre danach an ihr Porträt wagen würde. *Die Medien haben mich doch schon lange beerdigt*, hatte sie mir lachend gesagt, als ich sie damals um das Gespräch bat. Die Medien vielleicht, aber nicht die Menschen, denen sie mit ihrer Zugewandtheit, ihrer Direktheit und ihrer manchmal naiven Einseitigkeit neue Perspektiven des Glaubens eröffnet hat. Noch immer nehmen ihre Gedanken und Aufsätze den Leser und die Leserin in die Pflicht der Nachfolge, rütteln wach „aus dem Schlaf der Sicherheit".

Man hat so viele Klischees für mich bereit, ich sei kämpferisch und so weiter. Dabei sitze ich manchmal still zu Hause und schreibe Gedichte oder erzähle meinen Enkeln biblische Geschichten – aber das passt nicht ins Klischee!, hat sie sich damals lachend beschwert. Dass dies nicht so bleibt, dass ihre Vielseitigkeit wieder ins Gedächtnis kommt – dazu habe ich dieses Porträt geschrieben.

Besonderer Dank gilt Fulbert Steffensky, ohne ihn wäre dieses Buch nicht entstanden. Danken möchte ich auch Margot Zmarzlik, der Jugendfreundin von Dorothee Sölle, die mir bereitwillig über ihre Beziehung und Erlebnisse berichtet hat. Luise Schottroff und Bärbel Wartenberg-Potter waren mir hilfreiche Gesprächspartnerinnen, Martin Sölle und Wolfgang Fietkau freundliche Begleiter.

Bekennen bedeutet vor allem, den Mächtigen die Wahrheit zu sagen.

Dorothee Sölle

ERSTES KAPITEL

Frömmer?! Radikaler!?

Vancouver, 26. Juli 1983: Rund dreitausend Menschen treffen zur sechsten Vollversammlung des Ökumenischen Rates der Kirchen zusammen. Auf der Tagesordnung steht an diesem Nachmittag einer der Hauptvorträge der Versammlung. Der Titel lautet: „Leben in seiner Fülle". Dass sich hinter dem biblischen Zitat eine deutlich politische Absicht verbirgt, vermuten viele und wissen diejenigen, die die Referentin genauer kennen. Als die Hamburger Theologin Dorothee Sölle ans Mikrofon tritt, herrscht atemlose Spannung. Fast alle wissen, dass es um ihren Auftritt bereits

Monate vor Beginn der Versammlung heftige Auseinandersetzungen gegeben hatte. Schon im Vorbereitungsausschuss der Tagung war es heiß hergegangen; einige Mitglieder befürchteten, man stoße die Evangelische Kirche Deutschlands (EKD) vor den Kopf, die alles andere als begeistert über den Vorschlag war, Dorothee Sölle so viel Aufmerksamkeit zu verschaffen.

Dann steht sie auf, die Dreiundfünfzigjährige, klein und zierlich, die Haare leicht grau im Pagenschnitt, die graublauen Augen strahlen, aber kein Lächeln um die Mundwinkel. Sie wirkt angespannt, geht mit raschen Schritten zum Mikrofon, das dreiviertellange buntbestickte Palästinenserkleid lässt sie eher jung wirken. Ihrer Stimme, sonst dunkel und wohltönend, hört man die Spannung an: Sie klingt höher als sonst, fast schrill. Schon ihre ersten Sätze lösen Unruhe unter einigen Delegierten aus: *Ich spreche zu Ihnen als eine Frau, die aus einem der reichsten Länder der Erde kommt; einem Land mit einer blutigen, nach Gas stinkenden Geschichte, die einige von uns Deutschen noch nicht vergessen konnten; einem Land, das heute die größte Dichte von Atomwaffen in der Welt bereithält. Ich möchte Ihnen etwas sagen über die Ängste, die in meinem wohlhabenden und militaristischen Land herrschen; ich spreche zu Ihnen aus Zorn, in Kritik und mit Trauer.*

Das betonte Sprechen als Frau, die Betroffenheit *mit Zorn und Trauer*, das Erinnern an Auschwitz, an das dunkelste Kapitel der deutschen Geschichte, die Behauptung, die Bundesrepublik sei militaristisch, der immanente Vorwurf, auf Kosten anderer reich zu sein: Reizworte in den Ohren nicht nur der deutschen Delegierten.

Und damit nicht genug. In scharfen, gelegentlich einseitigen Analysen greift Sölle die gegenwärtige Ungerechtigkeit zwischen der „Ersten" und der so genannte „Dritten" Welt an. Eigentlich war ihr Thema die Auslegung der Parabel vom „reichen Jüngling", der Jesus gefragt hatte, was er über das Gute, das er tat, hinaus noch tun könne, um das ewige Leben zu ererben. Jesus antwortete: „Verkaufe alles, was Du hast, und gib's den Armen".

Worauf der junge Mann traurig davonzog.

So ähnlich ergehe es den reichen Ländern der „Ersten Welt", lautet die Botschaft Dorothee Sölles. Das biblische „Leben in seiner Fülle" sei aus zwei Gründen in der gegenwärtigen Situation unmöglich. Der erste: die schreiende Armut in der „Dritten Welt". Der zweite: die innere Leere der reichen Menschen in der „Ersten Welt". Diese Leere folge aus der wirtschaftlichen Ungerechtigkeit, von der das westliche System profitiere, indem es auf Gewalt und Geld baue.

Als die kleine, energische Frau nach rund einer Stunde schließt, braust Beifall auf, und zwar überwiegend von den „Dritte-Welt"-Kirchen. Sie sind begeistert, dass eine weiße Frau so deutlich Stellung bezieht und die Schuldigen in der „Ersten Welt" beim Namen nennt. Verhaltener reagieren dagegen die orthodoxen Kirchen. Ihnen ist es zwar nicht recht, dass eine Frau zu einem zentralen biblischen Thema spricht, aber sie wissen, dass Sölle für eine einseitige Abrüstung des Westens eingetreten war – und sie hoffen, dies finde Eingang in das Schlussdokument der Versammlung. Die meisten westlichen Kirchenvertreter, vor allem in der deutschen Delegation, sind außerordentlich verärgert. Unmittelbar im Anschluss an die Rede Sölles distanziert sich der Leiter der deutschen Delegation, der Vorsitzende des Rates der EKD und Hannoversche Landesbischof Eduard Lohse, offiziell von der Rednerin. Er finde die einseitige Kritik am Westen befremdlich, Sölle nehme in der evangelischen Kirche lediglich „eine Randposition" ein, der Weltkirchenrat habe sich „gegen die ausdrücklichen Bedenken der EKD für diese Rednerin als einzigen deutschen Referenten entschieden". Sölle gehöre weder der deutschen Delegation an noch habe sie in deren Auftrag gesprochen.

Dorothee Sölle ist über diese Reaktion nicht erstaunt. Dass sie vor allem die deutsche Kirche getroffen hatte, ist ihr klar. Sie hatte deutlich gemacht, dass die Evangelische Kirche in Deutschland, *eine der reichsten und substanzlosesten Kirchen, die es gibt,* in der Friedensfrage in den achtziger Jahren einzigartig dagestanden sei. Jahrelang habe sie gehorsame, staatstreue Voten abgegeben statt Mut und Friedensliebe hervorzubringen.

Aber auch ohne das Friedensthema hätte Dorothee Sölles Rede ein geteiltes Echo gefunden; allein ihr Name, ihre Person wirkten provozierend. Auch ging es um mehr als die Tatsache, dass eine Frau auf der von Männern dominierten Versammlung sprechen sollte. Dorothee Sölles Theologie löste Prostest aus. Bis zuletzt werde er dagegen kämpfen, dass diese Frau mit ihrer „Gott-ist-tot-Theologie" auf einer christlichen Versammlung reden dürfe, kündigte etwa der norwegische Bischof Peer Lynning an.

Als Dorothee Sölles Rede in Deutschland bekannt wurde, hagelte es Proteste nicht nur der konservativen Protestanten. Die „Frankfurter Allgemeine Zeitung" kommentierte bissig, die Kritik Sölles an der westlichen Gesellschaft sei „bloße modische Kulturkritik", ein „eitles und liebloses Gerede, das nichts bewirkt, nichts verändert, niemandem hilft, sondern am Ende nur das Selbstgefühl jener erhöht, die im Blick auf die dahinvegetierende Mittelklasse aus tiefem Herzen bekennen: ‚Ich danke Dir, Gott, dass ich nicht bin wie jene'."

Auch wurde die Kritik am Auftritt Sölles dazu benutzt, den Kurs des Ökumenischen Rates der Kirchen in Genf insgesamt anzugreifen. Sie habe die Erwartungen, die der Weltkirchenrat in sie gesetzt habe, ohne Zweifel vollauf erfüllt, hieß es; sie habe die Gelegenheit genutzt, „um die volle Schale des Zorns und ihrer Verachtung über die weiße europäische Mittelklasse auszugießen". Vier Flensburger Pastoren starteten sogar eine bundesweite Unterschriftenaktion: Die EKD solle öffentlich erklären, dass sich die Ansichten der Theologin Dorothee Sölle und „ihrer einflussreichen Anhängerschaft" nicht mit den Ansichten der evangelischen Kirche deckten.

Dorothee Sölle ihrerseits war in ihrer Antwort nicht zimperlich. *Für die Evangelikalen bin ich seit 25 Jahren eine Hexe, die man eigentlich verbrennen muss*, erklärte sie noch in Vancouver, *da kommen politische und sexistische Sachen und die Ablehnung einer radikaleren, modernen Theologie ganz stark zusammen.*

Politische Theologie contra Tradition

Der Konflikt um die Rede in Vancouver war in der Tat nur die Spitze des Eisbergs. Dorothee Sölle personifizierte einen grundlegenden Konflikt der Kirchen. Bewusst einseitig stellte sie sich auf die Seite einer politischen Theologie, sie zielte auf eine veränderte Gesellschaft und verstand die Botschaft des Jesus von Nazareth als Aufforderung zum Widerstand gegen die ungerechten Verhältnisse, gegen die kapitalistische Wirtschaft und gegen Militarismus und Aufrüstung. Auf der anderen Seite stand die konservative Auffassung, die jede politische Spitze der Theologie ausschloss und eine volkskirchlich ausgerichtete und biblizistisch geprägte traditionelle Kirchlichkeit erhalten wollte. „Keine Politik von der Kanzel" und „Kirche, bleib' bei deinem Leisten": So und ähnlich lauteten die Parolen des anderen Lagers.

„Gotteslehrerin" und „Verräterin"

Bis heute löst Dorothee Sölle Kontroversen aus. Was die einen für eine moderne, zeitgemäße Art, von Gott und dem Glauben zu sprechen, halten, was in den sechziger und siebziger Jahren auch viele sogenannte Kirchenferne wieder zurück zum Christentum brachte, war für andere ein „Verrat am Christentum" und das Einfallstor des Atheismus in die Kirche. Noch unmittelbar nach Dorothee Sölles Tod dauerte der Konflikt an. Klaus Berger, langjähriger Professor für biblische Theologie in Heidelberg, protestierte offen, als bekannt wurde, dass die Trauerfeier für Sölle in der Hamburger Hauptkirche St. Katharinen stattfinden sollte – zuviel Ehre für diese Frau, schrieb er im konservativen „Informationsdienst der Evangelischen Allianz" (idea), sie hätte Leute aus der Kirche getrieben, das Glaubensbekenntnis zerstört, deswegen sei es ein Unsinn, dass die Trauerfeier in einer Hamburger Hauptkirche stattfinde.

Wie kommt es, dass sich an der Person Dorothee Sölles die Geister so deutlich scheiden? Dass die einen sie als Hexe, die anderen als Prophetin oder „Gotteslehrerin" bezeichnen, wie die Lübecker Bischöfin Bärbel Wartenberg-Potter? Fulbert Steffensky, seit 1969 mit Dorothee Sölle verheiratet, behauptet, sie selbst sei im Grunde ihres Herzens ein „widersprüchlicher Mensch" gewesen – was er als Stärke empfindet. Sie habe „weder von den Frommen noch von den Politischen, weder von den Aufklärern noch von den Konservativen ganz eingefangen werden" können. Sie habe sich erlaubt, die jeweils andere zu sein – den Frommen die Politische, den Politischen die Fromme, den Bischöfen die Kirchenstörerin und den Entkirchlichten die Kirchenliebende. Das habe viele irritiert.

Fromm und radikal

In diesen Doppelwelten hat sie gelebt. Selten ging sie zu Bett, ohne am Klavier ein Loblied auf Jesus Christus zu singen. Wenn sie mit ihrem Mann in einen Ferienmorgen fuhr, sang sie gerne den Choral „Morgenglanz der Ewigkeit". Ihren Enkeln erzählte sie am liebsten biblische Geschichten. Sonntag für Sonntag ging sie zur Kirche, die ihr oft eher *als Grab Christi denn als Ort der Befreiung und des Lebens* zu sein schien.

Die Doppelexistenz im Widerspruch zwischen Verstand und Gefühl, zwischen politischer Überzeugung und praktizierter Frömmigkeit, hat sie selbst wahrgenommen und in ihrer gewohnten Nüchternheit im Alter vor dreiunddreißig Jahren auf die Formel gebracht: *Wir müssen radikaler und frömmer werden.* Gerade diese doppelte Forderung – radikale Kritik und das bedingungslose Suchen nach einer neuen Frömmigkeit – hebt Dorothee Sölle aus der Schar der zeitgenössischen Theologinnen und Theologen heraus. Der Theologe Jürgen Ebach hat das Begriffspaar „Rebellion und Frömmigkeit" in einem Nachruf als den „Grundton in Dorothee Sölles Leben und Werk" bezeichnet.

Kirche lebt auch außerhalb der Kirche, hat sie ihren ersten Vortrag auf einem Kirchentag überschrieben. Der Titel erklärt die außerordentliche Wirkung, die Sölles Schriften auf Menschen ausübte, die fern vom inneren Kreis der Kirchentreuen siedelten. Die hohen Auflagen ihrer Bücher zeigen, dass weniger die Kirchentreuen nach ihren Texten griffen als vielmehr die heimatlos Gewordenen und die suchenden Zweifler. Die unbedingte Suche nach einem Christentum, das politisch und zugleich fromm ist, hat sie zu einer der meistgelesenen theologischen Autorinnen unserer Zeit gemacht.

Wir beginnen den Weg zum Glück nicht als Suchende, sondern als Gefundene.
Dorothee Sölle

ZWEITES KAPITEL

Das Mädchen aus gutem Hause

Dorothee Sölle kommt aus einem Elternhaus, das einem säkularisierten Christentum nahe stand. *Die Kirche spielte kaum eine Rolle im Familienleben. Doch man hielt sich gutbürgerlich zur Kirche.* Der Vater Hans Carl Nipperdey, Professor für Arbeitsrecht und Präsident des Arbeitsgerichtes Kassel, war eigentlich Atheist; 1935, als er aus der Kirche austreten wollte, entgegnete seine Frau ihm: „Aber Hans, doch nicht jetzt!" *Sie waren Anti-Nazis und wollten nicht wie die Ratten das sinkende Schiff verlassen*, erklärt Dorothee Sölle. So blieb zwar die Kirchenmitgliedschaft erhalten – freilich ohne wirkliche Beziehung zu den Inhalten des Christentums und der Kirche. Die Familie übte die damals in der oberen Bildungsschicht gängige distanziert-volkskirchliche, säkularisierte Beziehung zur Organisation. Die 1929 geborene Dorothee wurde wie ihre drei älteren Brüder und ihre jüngere Schwester zwar konfirmiert. Dennoch war die Familie im Ganzen *postchristlich – wie man heute sagen würde*. Ihre Kindheit und Jugend fasst Dorothee Sölle in der Aussage zusammen: *Ich war nicht christentumsgeschädigt*.

Gedankenschärfe und Diskussionslust

Im Elternhaus im vornehmen Kölner Vorort Marienburg sei immer viel und heftig diskutiert worden, erinnert sich Margot Zmarzlik, Dorothee Sölles Jugendfreundin. Das Leben im Haus sei ungeheuer interessant gewesen, die junge Dorothee habe sich kräftig gegen die drei älteren Brüder zu wehren gehabt. Ihre schnelle und geistesgegenwärtige Reaktion in Diskussionen, ihre Klugheit und ihr Einfallsreichtum habe ihr schon früh stets eine gute Position verschafft. Um in Diskussionen mitzuhalten und ernst genommen zu werden habe sie schon früh die Puppen beiseite gelegt. Ihr Vater war wenig greifbar für das junge Mädchen; er war fast ausschließlich mit seinem Beruf als Arbeitsrechtler befasst und lebte in den letzten Kriegsjahren nicht mit der Familie zusammen. Die Mutter von Dorothee war „eine kluge, eindrucksvolle Frau mit protestantischen Grundsätzen und festen Regeln in der Lebensführung", beschreibt Margot Zmarzlik sie. Ihre frühe Ehe und fünf Kinder hatten ihr eine eigene Ausbildung und Berufstätigkeit verwehrt, was sie nie ganz verwunden habe. „Die Pflicht ernstnehmen!" lautete eine wichtige Lebensmaxime der Mutter. Dorothee entwickelte eine regelrechte Manie fürs Diskutieren. Margot Zmarzlik erinnert sich, dass Dorothee in der Schule einmal angefragt hatte, ob sie nicht am Deutschunterricht der nächsthöheren Klasse, in der Margot saß, teilnehmen könne. Die Lehrerin zögerte – „sie fürchtete bei Dorothees Diskussionslust und Kritikfreude um die Kontinuität ihres Unterrichts". Gleichaltrige Mädchen dagegen seien beeindruckt und irritiert zugleich von ihrem selbstbewussten Auftreten gewesen – und manchmal gekränkt über ihre angriffslustige Schärfe, die sie ihr Leben lang nicht verloren hat. Dorothee Sölles Mann Fulbert Steffensky berichtet, sie habe ihm wegen seiner milden, vermittelnden Art einmal vorgeworfen, er schütte immer Wasser in ihren Wein. Worauf er zurückschoss: „Im Gegenteil – ich mache deinen Essig genießbar."

Ein jugendlicher Schutzraum

In anderer Beziehung genoss Dorothee den geschützten Raum der Jungmädchenfreundschaft: im kleinen Kreis, zu dem ihr Bruder Thomas und neben anderen auch ihre Freundin Margot Zmarzlik gehörte. Die Jugendlichen fanden sich unregelmäßig im weitläufigen Garten eines kleinen rheinisch-bergischen Fachwerkhauses oberhalb von Odenthal zusammen. 1943 trafen sie sich zum ersten Mal, sie sangen, später lasen sie Dramen von Schiller mit verteilten Rollen, Gedichte von Hölderlin und Eichendorff, hörten Musik und diskutierten. Ihre Freundin Margot schildert den Kreis in ihren Erinnerungen als „eine Art Fluchtburg, die uns trotz dauernder Anfechtungen durch die Kriegsrealität abschirmte und half, sie ohne weitgehende Beschädigung zu überstehen".

Eine Zeit voller innerer Widersprüche. Kein Wunder, dass Dorothee später feststellt, *meine Erinnerungen an Geschmack und Geruch jener Jahre und meine Notizen, die von der Suche eines jungen Mädchens nach sich selbst handeln ... wollen einfach nicht zur Deckung kommen.* Dass Erinnerung und Notizen nicht zur Deckung kommen wollen, ist leicht zu verstehen. Das junge Mädchen konnte das Ausmaß der Verbrechen, die während der Herrschaft der Nationalsozialisten begangen worden waren, nicht einmal erahnen. Die junge Studentin dagegen begann zu begreifen, welche Verantwortung ihrer Generation nach dem Krieg auferlegt worden war.

Das „beschädigte" Christentum

Als *kritisch-liberal* beschreibt Dorothee Sölle ihr eigenes Verhältnis zum Christentum in den Jahren nach dem Kriegsende bis zum Abitur im Jahr 1948, und *auf eine mir völlig unbewusste Art von den Nazis beschädigt.*

Welchen Schaden das Christentum überwinden muss – darauf gibt sie keine eindeutige Antwort, noch weniger darauf, wie und warum sich ihre Beziehung zum Christentum in diesen Jahren gewandelt hat. Es scheint, als hätten Begegnungen und geistige Entwicklung fast zwangsläufig zu einer langsamen Annäherung an das Christentum geführt. Am Anfang stand die deutliche Distanz der Sechzehnjährigen zu Kirche und Religion. Das lag einmal an der schulischen Umgebung. In ihrer Mädchenschule habe sich, so erinnert sich die Erwachsene, die *katholische Reaktion, jene rheinisch-triumphierende katholische Dümmlichkeit breitgemacht.* Zudem sei der Religionsunterricht so unmöglich gewesen, dass einige ihrer Freundinnen den Unterricht boykottierten – was sie selbst nicht fertig brachte, aber anscheinend doch bewunderte. Hinzu kam, dass sie einen Vortrag über den Existentialisten Jean-Paul Sartre gehört und dessen Drama „Die Fliegen" gelesen hatte. *In seiner Substanz schien mir der Glaube ein*

19

unerlaubter Ausweg aus dem auszuhaltenden Dunkel. Die Christen waren zu feige, dem Nihilismus ins Gesicht zu sehen. Ich hatte eine vulgär-nietzscheanische Verachtung für das Christentum.

Dennoch konnte sie offensichtlich eine Substanz christlicher Grundeinstellungen aus der Familie in das beginnende Erwachsenwerden retten. Das hatte zunächst politische Gründe. Christliche Tugenden gewannen während der Nazizeit eine besondere Rolle im Familienleben. Eine Art *Urerlebnis* für sie war folgende Begebenheit: *Einmal wurde diskutiert, wen wir zum Kindergeburtstag einladen wollten und meine Brüder meinten über einen: „Der ist doof, den laden wir nicht ein." Und dann sagte meine Mutter plötzlich: „Der wird eingeladen, darüber wird nicht debattiert!" – was ganz ungewöhnlich war. Nachher habe ich von meinen Brüdern erfahren, der Grund war, dass er nicht ganz arisch war und überall nicht eingeladen wurde. Aber gerade deshalb wurde er bei uns selbstverständlich wie alle anderen eingeladen.* Mag sein, dass bei der Argumentation der Mutter eine Rolle spielte, dass der Vater selbst „Vierteljude" war, wie die nationalsozialistische Propaganda es nannte; viel wahrscheinlicher aber ist, dass die Eltern selbst eine deutliche Distanz zur herrschenden Ideologie der Nazis an die Kinder weitergegeben haben. *Wir wuchsen als Kinder von antinazistischen Eltern regelrecht in zwei Sprachen auf: eine offene, die man zu Hause sprach, in der von Erschießen, Folter, Verschleppung die Rede war, und eine draußen in der Schule, in der Offenheit lebensgefährlich war. In unserer Familie gab es eine Redensart: „Sei still, sonst kommst Du ins KZ!"*

Widerstand gegen die Naziideologie war das noch lange nicht; doch wurde Dorothee Nipperdey bewusst, dass die nach außen getragene Angepasstheit nicht mit der inneren Einstellung zusammenpasste. In ihren Erinnerungen verleiht sie diesem Widerspruch ein Gesicht. Sie erzählt, sie habe im Herbst 1943 in der Straßenbahn in Köln ein Mädchen getroffen, das mit einem *dicken, braunen Zopf in ihrer*

Nähe auf der hinteren Plattform stand. Da stiegen an einer Halte-stelle am vorderen Eingang Soldaten – oder waren es Polizisten? – ein, mein Mädchen schaute sich wieder und wieder um und verließ, einem plötzlichen Entschluss folgend, die Tram. Beim Aussteigen verschob sich die Tasche, die sie an die Brust gedrückt hielt. Ich sah einen gelben Fleck und das Wort „Jude" in Schwarz darauf geschrieben. Ich wollte aussteigen, ihr nachlaufen, aber die Bahn fuhr schon wieder, und der Novemberregen klatschte an die Schei-ben. In dieser Situation habe sie *ein Stück ihrer eigenen Feigheit* kennen gelernt, schreibt sie in ihren Erinnerungen. Damals habe sie sich vorgenommen, nie mehr feige in ihrem Leben zu sein. Eine deutliche Absage an die in ihrer Familie ge-übte Doppelzüngigkeit. Ob diese Begegnung tatsächlich so stattgefunden hat, ist fraglich. Sölle selbst wundert sich darüber, dass diese Begegnung zwar in ihrer Erinnerung als starker Eindruck lebendig ist, ihr Tagebuch aus dieser Zeit aber nicht einmal eine Andeutung darüber macht. Fraglich ist in der Tat, ob im November 1943 noch Mädchen mit Judenstern in Köln unterwegs waren. Nicht fraglich aber ist die Absage an die eigene Feigheit. Nicht mehr zwei Spra-chen sprechen, die eine im geschützten Raum der Freunde, die andere im öffentlichen Raum – das hat sie tatsächlich lebenslang durchgehalten. Sich nicht feige zu verstecken, sondern aufrichtig zu sein – auch dann, wenn es andere pro-voziert: Das wurde einer ihrer Lebensgrundsätze.

Eine „verlorene Kindheit"?

Wie hat sie die Bombennächte in Köln, die Aufenthalte im Luftschutzkeller, die Zerstörung ihres Elternhauses, die Eva-kuierung nach Thüringen erlebt? Es ist eigenartig, dass sie selbst diesen Erfahrungen weder in ihrem Tagebuch noch in ihren Erinnerungen einen Platz einräumt. In ihrem Tagebuch finde sie *viele Seiten über blühende Himmelsschlüssel im Bergischen Land, Gewitter über dem Rhein und das Violinkonzert von Beethoven, aber nichts über die Bombennächte, den Anblick der brennenden Stadt, die Schlangen vor den Lebensmittelgeschäften, die Versuche, Kohlen zu „fringsen" wie das später in Anlehnung an ein berühmtes Wort von Kardinal Frings genannt wurde.* Sie selbst sitze ratlos vor der doppelten Erinnerung – der Tatsache, dass zwar von unglücklicher Liebe und manchmal glücklicher Verehrung die Rede ist, von geistigen Entdeckungen der Pathétique, des „Stundenbuchs" von Rilke, des „Werther" – aber die politische Realität *dringt nur von ferne ein.*

Eine ganz andere Seite der Wirklichkeit des Krieges erlebte sie, als ihr ältester Bruder Carl, der klassische Philologie studiert hatte, im November 1945 in russischer Kriegsgefangenschaft starb. *Als wir das kurz vor Totensonntag 1945 erfuhren, wusste ich, dass es keine Weihnacht und auch keinen ‚lieben Gott' gäbe.* Dorothees Mutter war wie zerbrochen; monatelang sei sie durchs Haus gelaufen und habe immer wieder die Worte des Telegramms wiederholt: „verstorben … verdorben … Ort unbekannt". Dorothee bekam Angst, ihre Mutter würde sterben, und wünschte sich, auch selber zu sterben. Aber das konnte sie ihrer Mutter doch nicht antun! So entdeckte sie das stärkste Mittel der Betäubung für sich: die Arbeit. Sie lernte Latein, Mathematik, vermied lyrische Gedichte. „Dunkel" wurde für sie die wichtigste Metapher. Dass Carl „für Deutschland" gestorben sei – dieser Gedanke sei ihr nie gekommen. Sie erlebte diesen Tod als sinnlos, und dieses Erleben hatte lange später Konsequenzen: Endlich konnte sie eine Parallele ziehen und verstehen, dass so viel mehr russische Mädchen auf ihre Brüder gewartet haben, die nicht aus Deutschland zurückkamen. Und *als Adenauer uns wiederbewaffnete, dachte ich an meinen sehr intelligenten und klaren Bruder.*

*Radikale Theologie
geht an die Wurzeln
unserer Ohnmachtsangst
und vergewissert uns,
dass alles möglich ist.*
Dorothee Sölle

DRITTES KAPITEL

Leidenschaft für das Unbedingte

Es gibt keinen Gott! Von dieser Erfahrung der Jugendlichen Dorothee Nipperdey zu einer positiven Sicht des christlichen Glaubens führte ein weiter Weg. Dass sich ihre Beziehung zum Christentum zu wandeln begann, hatte mit einer neuen Religionslehrerin zu tun. Schon die ersten Eindrücke dieser Lehrerin namens Marie Veit waren tief, die Achtzehnjährige notierte damals in ihr Tagebuch: *Die neue Religionslehrerin ist umwerfend gut, leider Christ!*

Kierkegaard: Lehrer der Angst

Die Religionspädagogin Marie Veit las mit ihren Unterprimanerinnen Texte von Heidegger und Sartre, Bonhoeffer und Paulus. Dorothee Nipperdey beginnt, zwischen ihrem durch Aggression verzerrten Bild des kirchlichen Christentums und dem „echten" Christentum zu unterscheiden. *Was mich eigentlich in die Theologie gebracht hat, war Christus*, blickt sie später auf diese Jahre zurück. Das Christentum wurde für sie eine echte Alternative zum Nihilismus: *Da gab es das Gesicht eines Menschen, eines zu Tode Gefolterten vor zweitausend Jahren, der nicht Nihilist geworden war.* Mit ihrer Religionslehrerin verband Sölle übrigens eine lebenslange Freundschaft.

Eine zweite Begegnung brachte den endgültigen Umschwung: Die Lektüre von Sören Kierkegaard habe sie schließlich zur Religion *verführt*. Damals habe sie *in einer dieser tiefen Sinn- und Identitätskrisen, von der junge Leute unserer Kultur heimgesucht werden, gelebt.* Eher zufällig war sie im zweiten Semester ihres Studiums auf Kierkegaards Buch „Krankheit zum Tode" gestoßen. *Es warf mich um, es stellte mein bisheriges Leben, meine Interessen, meine Ziele radikal in Frage. Es bedrohte mich und es bezwang mich.* Ihre Beziehung zum dänischen Denker begann zwar wie eine Jungmädchen-Romanze. *Meine Phantasien beim Lesen, mein monatelanger intensiver Dialog mit Sören ging in eine durchaus unwissenschaftliche Richtung: Wenn ich Regine* [die Verlobte von Kierkegaard] *gewesen wäre ... warum war die Entlobung notwendig ... was bedeutet Sexualität, wenn jemand „seine Kategorie" gefunden hat ... wieso sagt Sören, der doch nicht brutal und trivial ist, diese beleidigenden Sachen über Frauen ... Ich versank in Kierkegaard.*

Den Funken der aktuellen Bedeutung Kierkegaards Denkens aber zündete eine Entdeckung, die sie im Werk

„Begriff der Angst" gemacht hatte und die Jahrzehnte später für sie existentielle Bedeutung bekam. Er liegt in folgendem Satz: „In der Geistlosigkeit ist keine Angst, dafür ist sie zu glücklich und zu zufrieden, aber geistlos." Später bezog sie den Satz auf die religiös-politische Situation und auf die NATO-Führer, Verteidigungsminister und Politiker – *in der Geistlosigkeit ist tatsächlich keine Angst.*

Das war eine ganz andere Welt als die überkommene religiöse, eine Welt, in der die Angst nicht nur möglich, sondern geboten ist, wie sie sich von Kierkegaard hatte belehren lassen: *Was Kierkegaard mich lehrte, war, dass es ohne Angsterfahrung und -annahme keine Menschwerdung gibt.* Kirchenkritik und radikales Christentum – bei Kierkegaard hatte Sölle beides als einander bedingend kennen gelernt.

Die Angst, das Deutsche zu verlieren

Dorothee Nipperdays politisches Bewusstsein dagegen begann langsamer zu erwachen. Das ist kein Wunder, schließlich ist Dorothee wenig mehr als drei Jahre alt, als Hitler gewählt wird, fast zehn, als der Krieg ausbricht und fünfzehn, als die Alliierten Deutschland befreien. Freilich: Als „Befreiung" hat sie die Kapitulation nicht verstanden. In ihr Tagebuch schreibt sie damals: *Der große Krieg geht seinem Ende zu. Der Führer ist an der Spitze der restlichen Truppen in Berlin im Kampf gegen den Bolschewismus gefallen ... Ich bemühe mich, nicht daran zu denken. Ich lese und lerne Hölderlin, Shakespeare und Sophokles. Ich werde mir eine Rüstung schmieden. Morgen werde ich sie brauchen.*

Offen gesteht sie später ihre Scham darüber, dem „Mythos Deutschland" verfallen gewesen zu sein. Das Ausmaß der Verführung durch die nationalsozialistische Ideologie hatte sie nicht erkannt. Ja, sie habe von der Existenz der Konzentrationslager gewusst, trotzdem habe sich aber am Ende des Krieges bei ihr kein Eingeständnis des Verbrechens eben jenes „mythischen Deutschlands" eingestellt, das sie trotzig-verzweifelnd beschworen hatte; keine Reue, kein Sühnezeichen, keine Umkehr. Instinktiv wehrte sie sich gegen die von den Alliierten verordnete Entnazifizierung, konnte nicht verstehen, wie man von außen verehrte Lehrerinnen und Lehrer „umerziehen" wollte. In ihren Erinnerungen schämt sie sich ihrer „Blindheit". *Es ist der Versuch eines sechzehnjährigen Menschen, mit dem Gefühl einer Katastrophe, nämlich der Zerstörung nationaler Identität, umzugehen.*

Es mag sein, dass die Atmosphäre der Familie, in der sie aufwuchs, zu dieser Trotzreaktion beigetragen hat. Nicht nur, dass sie *zwei Sprachen sprechen* gelernt hat – die nach außen gewendete angepasste Sprache und die der *anständigen Deutschen,* die die Kapitulation dennoch nicht als Befreiung empfinden konnten. Das geistige Klima, in dem sie aufwuchs, wehrte sich von vornherein gegen undifferenzierte Urteile, die Bildung beider Elternteile hatte schon immer eine deutliche Distanz zur Ideologie des Nationalsozialismus markiert. Diese Werte, die Kultur Deutschlands, *Bach und Beethoven zu lieben* und die großen Dichter und Denker, konnte man doch nicht in einer Linie mit den Nazis sehen; die Menschen, *die gewiss an die Menschlichkeit, die Wahrheit, das Recht und die Liebe geglaubt haben,* wurden ohne Unterschied von Vertreibung, Unrecht und industrieller Demontage betroffen. Warum das so war? Diese Frage blieb damals ohne gültige Antwort.

Dorothee Sölle habe die geschichtlichen Ereignisse eben intensiver als ihre Freundinnen wahrgenommen, erinnert sich Margot Zmarzlik. Sie alle hätten damals Angst gehabt, alles zu verlieren, was ihnen lieb und teuer war – die deutsche Sprache, deutsche Dichtung, deutsche Musik –, diese Angst habe bei Dorothee aber zu einer regelrechten „nationalen Phase" geführt.

Genau in diese Zeit der geistigen Aufregung fällt die erste Begegnung Dorothee Nipperdeys mit Gedanken der Existenzphilosophie. Ihr Bruder Thomas, den sie verehrte und der der geistige Mittelpunkt eines kleinen Freundeszirkels war, habe ihr vom Philosophen Martin Heidegger erzählt, der das „Dasein als Geworfensein" beschrieb. *Ich war ganz hingerissen von einem Satz dieses Martin Heidegger: „Dasein ist das Geworfensein in das Nichts".* Wie nach einem Strohhalm greift die Fünfzehnjährige nach diesem Gedanken, er scheint ihr die geistige Situation gleichzeitig zu beschreiben und geistig zu überwinden.

Die unauslöschliche Scham

Als sie gemeinsam mit ihrer Freundin Margot Zmarzlik nach Anfangssemestern in Köln 1950 ihr Studium in Freiburg fortsetzte – sie studierte zunächst Deutsch, Alte Sprachen und Philosophie –, sickerte die politische Wirklichkeit langsam ins Bewusstsein. „Wir begannen uns vor allem mit unserer jüngsten Geschichte, den Verbrechen der NS-Zeit zu beschäftigen – mit wachsendem Entsetzen und unbestimmten Schuldgefühlen, doch daraus folgten 1950 noch keine Taten", erinnert sich Freundin Margot Zmarzlik. Dorothee Nipperdey begegnet in diesem Jahr dem Schicksal von Anne Frank, deren Tagebuch sie wieder und wieder liest. In ihr entsteht *das Grundgefühl ... einer unauslöschlichen Scham: zu diesem Volk zu gehören, diese Sprache der KZ-Wächter zu sprechen, diese Lieder, die auch in der Hitlerjugend und im BdM gesungen wurden, zu singen. Diese Scham verjährt nicht, ja sie muss lebendig bleiben.*

Sie fragt sich, wie das geschehen konnte, was die Eltern dagegen getan hatten, wo die Lehrer standen, welche Traditionen diese Verbrechen vorbereitet hatten. Und sie will sehr genau wissen, wann, wo, auf welche Weise und von wem Juden ermordet wurden. Erst langsam lichtet sich dadurch bei ihr *das Dunkel einer deutschen, romantischen, bildungsbürgerlichen Jugend.* Nie hat sie diese prägenden Fragen vergessen. *Ich habe später versucht, eine Theologie nach Auschwitz – und nicht vor oder jenseits dieses Ereignisses – zu entwickeln. Ich wollte keinen Satz mehr schreiben, in dem nicht das Wissen von dieser in der Tat größten Katastrophe meines Volkes gegenwärtig ist oder gegenwärtig gemacht werden kann.*

Der lange Weg zur Theologie

Dorothee Nipperdeys Unzufriedenheit mit ihrem Studium der alten Sprachen wuchs und führte 1951 zum Entschluss, Freiburg und den eingeschlagenen Studienweg zu verlassen und sich in Göttingen als Theologiestudentin einzuschreiben. Die Berufsperspektive „Pfarrerin" allerdings kam ihr nicht in den Sinn – zumal Anfang der fünfziger Jahre weibliche Pfarrer (Pfarrerinnen gab es damals noch gar nicht) eine absolute Ausnahme waren und Frauen überhaupt keine Pfarrstelle besetzen durften. *Ich wollte ganz einfach die Wahrheit wissen und dachte, dass man deswegen eben auf die Universität geht.* Sich selbst bescheinigt sie später für diese Zeit *wenig Sinn für die Realität.*

Von der Schwere der Lebensentscheidung hat die junge Studentin nur wenig nach außen dringen lassen. Ihre Freundin Margot Zmarzlik erinnert sich nur, dass sie beim Besuch eines Bachkonzerts im Augustinermuseum in Freiburg beobachtet habe, wie Dorothee an eine Säule gelehnt versunken zugehört habe. „Ihr Gesicht hatte einen Ausdruck abgrundtiefer Trauer. So wie sie dastand, klein und zart, wirkte sie völlig verloren in dieser Welt. Ich habe nie zuvor empfunden, wie ausgesetzt sie lebte."

Kritisch glauben, vernünftig denken

Das Theologiestudium war eine weitere Station auf dem Weg der Auseinandersetzung mit dem Christentum. Begonnen hatte er im schulischen Religionsunterricht – und zwar mit einer Enttäuschung. Über weite Strecken wärmte der Unterricht nur alte Glaubenssätze auf. Kein Wunder, dass er bei der jungen diskutierfreudigen Schülerin Dorothee auf Ablehnung stieß. *Ich war äußerst kritisch, hielt das alles für mythisches Zeug, bestimmt für Leute, die nicht klar denken konnten. Wie konnte man ohne mit der Wimper zu zucken etwa an die Jungfrauengeburt glauben, oder daran, dass man die Auferstehung Jesu wie ein anderes geschichtliches Ereignis hätte fotografieren können? War sein Grab tatsächlich leer? Und wie sollte man sein Wandeln auf dem See Genezareth verstehen können, die Tatsache, dass er Wasser in Wein verwandelt hat und Kranke durch bloße Worte heilen konnte? Wenn wir das, was die ersten Jünger sagen wollten, ernst nehmen, dann kann man doch nicht einfach nur nachbeten, was sie überliefert haben. Dann ginge ja das Geheimnis des Glaubens verloren, wir würden unsere Zweifel nur verdrängen und alte Bilder beschwören. So können wir doch gar nicht dahin kommen, was der christliche Glaube verspricht – nämlich frei zu werden für eine Zukunft der Liebe.*

In den letzten beiden Schuljahren vor dem Abitur machte ihr dann die neue Lehrerin Marie Veit deutlich, dass Religion etwas anderes und mehr sein muss als das bloße Fürwahrhalten von Glaubenssätzen. Marie Veit brachte ihr auch die Thesen des damals schon umstrittenen Theologen Rudolf Bultmann nahe. Der Neutestamentler lehrte eine Theologie, bei der man den Verstand nicht an der Kirchentür abgeben musste. Bei ihm gingen Denken und Glauben, Kritik und Frömmigkeit, Vernunft und Christentum zusammen. Man könne nicht elektrisches Licht und Radioapparat benutzen, in Krankheitsfällen moderne medizinische Mittel in Anspruch nehmen und gleichzeitig an die Geister- und Wunderwelt des Neuen Testaments glauben: Diese Aussage Bultmanns habe sie für dessen Programm der „Entmythologisierung" eingenommen. Die Bibel aus dem Bann des mythischen Denkens befreien – das schien ihr der richtige Weg zu einer modernen Frömmigkeit zu sein. Dorothee Sölle hat Bultmann nicht persönlich kennen gelernt, aber sie hat ihn verehrt, bezeichnete sich selbst als dessen „Enkelschülerin". Ohne ihn hätte sie keinen Zugang zur Theologie und vermutlich auch keinen Zugang zum Glauben gefunden.

Dorothee Nipperdeys Begeisterung für die Theologie stieß allerdings auch an Grenzen. *In der Universität habe ich mich fremd gefühlt, gerade dort, wo ich richtig und ernsthaft studiert habe und das akademische Niveau sehr hoch war, in Göttingen zum Beispiel. Es ging mir oft so, dass ich in einem Seminar oder in einer Vorlesung saß und deutlich fühlte, dass da irgendetwas falsch war, dass etwas im Ansatz am Wesentlichen vorbeiging: Ich konnte das nicht ausdrücken. Ich bin häufig rausgegangen.*

Was da in ihren Ohren „falsch" klang, weiß sie in der Tat erst etwa 15 Jahre später auszudrücken: Dass die Theologie so akademisiert war, in bestimmte Terminologien verpackt – *ein abstraktes Reich der Gedanken*, eine durch und durch männliche Welt, in der das Konkrete, das Leibliche vermieden wird. *Ich fühlte mich da nicht zu Hause, aber ich wusste nicht genau, warum.*

Ein zweiter Lehrer ebnet ihr den Weg zu einem neuen Verständnis der christlichen Religion: Friedrich Gogarten, Theologieprofessor in Göttingen. Fast treuherzig bekennt Sölle, sie habe als Neunzehnjährige ein Buch von ihm – *das erste richtige Buch, das ich mir kaufen konnte* – gelesen, dessen Grundsatz sie regelrecht aufgesogen habe: „Wir können über Gott richtig nur in unserer eigenen, nicht in einer überkommenen Sprache sprechen – wie von allem, was zu unserem eigenen Leben gehört und in ihm wirklich ist." Später, während des Theologiestudiums in Göttingen, habe sie ihn sagen gehört, ein „artiges Kind" sei gerade jenes, das keine „Art" habe; nur ein unartiges habe seine eigene Art – und die sei unersetzlich und bringe ein Stück Frechheit mit.

Man kann sich leicht vorstellen, wie sehr diese Ansicht der Lust am Argumentieren der jungen Studentin entgegenkam. Ihr, die immer schon vieles in Frage stellen wollte, auf ihre eigene, unverwechselbare und unangepasste Art – „unartig" eben.

Im Sommer 1951 begegnete sie Gogarten persönlich. Zunächst im Seminar, dann aber auch im privaten Bereich. Gogarten lud jeden Montagabend nach seinem Seminar einen Studenten oder eine Studentin zu sich nach Hause ein. Auch Dorothee Nipperdey saß mit ihm und seiner Frau am Abendbrottisch und anschließend im Arbeitszimmer, in dem der Herr Professor sich eine Pfeife stopfte und schweigend darauf wartete, dass sie ihm eine Frage stellte. Zum ersten Mal verstand sie, was es heißen kann, einen Lehrer zu haben: Einen Menschen, dem man vertrauen kann und der *für etwas steht*. Der die Schülerin nicht belügt, weder im gutgemeinten Lob noch im gleichgültigen, zornfreien Tadel. Gogarten forderte die Studentin zum eigenen, verantworteten Denken auf; er lehrte sie das Staunen über die Wirklichkeit, in der mehr möglich ist als ein enger Horizont erlauben will. Durch Gogarten lernte Dorothee Nipperdey ein altes deutsches Wort schätzen, die „Freidigkeit", wie Luther das griechische Wort „Parrhesia" (= Freiheit) übersetzt hat. Es bedeutet nicht „Freudigkeit", sondern verbindet die Vorstellungen von „Freiheit" und „Frechheit" –

vielleicht, so erinnert sich Sölle, *habe ich nicht nur ein neues Wort von meinem alten Lehrer gelernt.*

Wie ein Symbol wirkt die Pfeife, die Friedrich Gogarten der eifrigen Studentin vererbte und die sie später gelegentlich auch angezündet hat.

Es waren gar nicht die theologischen Grundlagen, die Sölle von Gogarten übernommen hat. Vielmehr war er in anderer Weise ihr großer Lehrer geworden: darin, dass er die Studenten zu einem eigenen, verantworteten Denken aufforderte, sie das Staunen über die Wirklichkeit lehrte, in der mehr möglich ist als unser enger Horizont uns erlauben will. *Ein altes deutsches Wort hat er mich schätzen gelehrt, die „Freidigkeit", wie Luther das griechische Wort „Parrhesia" (= Freiheit) übersetzt hat. Es bedeutet nicht „Freudigkeit", sondern verbindet die Vorstellungen von „Freiheit" und „Frechheit" – vielleicht habe ich nicht nur ein neues Wort von meinem alten Lehrer gelernt.*

Hoffnung wächst
von unten.
Dorothee Sölle

VIERTES KAPITEL

Lehrerin – und dann?

Sowohl beruflich als auch privat war das Jahr 1954 ein Wendejahr im Leben Dorothee Nipperdeys. Sie machte ihr Examen in Theologie und Literaturwissenschaft in Göttingen, schrieb die Doktorarbeit bei Wolfgang Kayser mit der Arbeit *Untersuchungen zur Struktur der Nachtwachen von Bonaventura* und wurde für die nächsten sechs Jahre Lehrerin an der Genoveva-Schule in Köln-Mülheim, einer *braven, katholisch geprägten Mädchenschule.* Kaum jemand traute der kleinen, zarten Frau zu, den Aufgaben einer Lehrerin gewachsen zu sein. Wie mag ihr zumute gewesen sein, als sie am zweiten Schultag Pausenaufsicht hatte und von einer älteren Kollegin angefahren wurde: „Was stehst du denn hier rum, mach, dass du in deine Klasse kommst!"

Dabei hatte sie sich gerade entschlossen, eine eigene Familie zu gründen. Noch in Freiburg hatte sie Dietrich Sölle kennen gelernt. Der aus der DDR, der damaligen „Sowjetischen Besatzungszone" gekommene Mann war gelernter Schreiner, aber auch als Zeichner und Maler sehr talentiert. Er war fast sieben Jahre älter als Dorothee, kam aus einer völlig anderen Lebenswelt, malte abstrakte Bilder und lebte sehr bedürfnislos. Ein ungleiches Paar, aber Dorothee Nipperdey fühlte sich in seiner Nähe geborgen und sicher. Was machte es da aus, dass er vom Malen allein nicht leben konnte? Für die frisch gebackene Lehramtsanwärterin erfüllte sich ein Traum, als die beiden heirateten. Sie ganz in Weiß, das musste sein. Margot Zmarzlik kam zur Trauung nach Köln, für sie und eine andere Freundin war es „ein trauriges Fest, wir glaubten: Hier wird verbunden, was nicht zusammen gehört". Die jungen Frauen sollten Recht behalten: Die Ehe scheiterte.

Anfangs schien alles gut zu gehen. Dorothee Sölle musste Geld verdienen, ihr Mann war ohne Einkommen. Verbunden hatte die beiden eine geistige Gleichgestimmtheit: *Wir waren zusammen Christen geworden, haben uns dem gemeinsam angenähert.* Das Christentum war in der Tat eine wichtige Grundlage des Paares. Und so begann der gemeinsame Weg voller Hoffnung. Die beiden bezogen eine kleine Wohnung in Köln-Braunsfeld, dort wurde auch 1956 der erste Sohn Martin geboren. Als im Jahr darauf Michaela zur Welt kam, wurde die Wohnung zu klein, so zog die junge Familie in Dorothees Elternhaus in Köln-Marienburg. Für alle eine Entlastung. Die beiden Kinder hatten es gut getroffen, vor allem wegen der Nähe zu ihrer Großmutter Hildegard. Sie entlastete die mit doppeltem Gewicht beladenen

Schultern der siebenundzwanzigjährigen berufstätigen Frau und Mutter.

Religionsunterricht als Schocktherapie

Als Jugendliche wollte Dorothee Sölle *Gesangslehrerin werden! Damit ich den Kindern Musik beibringen kann!* Nun lehrte sie Deutsch und Religion. Mit den Schülerinnen und Schülern sang sie viel. Inhaltlich war der Lehrstoff des Religionsunterrichts durch die Katechismen vorgegeben. Die Religionspädagogik war von einer konsequenten Rückkehr zur biblischen Verkündigung bestimmt. Die Gleichschaltung der Schulen während der Nazizeit hatte auch den Religionsunterricht erfasst, nun wollte man den Unterricht ganz vom Verdacht politischer Interessen lösen. 1947 hatte Helmuth Kittel, von Haus aus Neutestamentler und Kirchengeschichtler, dem neuen Religionsunterricht einen Namen gegeben: „Evangelische Unterweisung". Kinder und Jugendliche sollten durch den Unterricht zum Glauben – und auch zum geistlichen Leben der Kirchengemeinden zurückgeführt werden.

Während ihres Studiums hatte Dorothee Sölle schon die beginnende Opposition gegen dieses Verständnis des Religionsunterrichts kennen gelernt. In Göttingen lehrte damals der Praktische Theologe Gert Otto – sein Konzept war eine Absage an die „Evangelische Unterweisung". Ihm ging es darum, Kinder und Jugendliche zu „mündigen Staatsbürgern zu erziehen"; hierbei könne der Religionsunterricht entscheidend mithelfen. Er könne aufzeigen, dass biblische Texte eine grundlegende Bedeutung für die menschliche Existenz haben. Sie fordern zur Nächstenliebe und Selbstkritik auf, vermitteln die Achtung vor anderen Menschen und warnen vor Selbstgerechtigkeit.

Dorothee Sölle fühlt sich diesen Zielen sehr nahe. Auch die Aufarbeitung Nazi-Deutschlands ist für sie Thema des Religionsunterrichts. Die meisten ihrer Schülerinnen wissen gar nichts über die Nazizeit, stellt sie erschrocken fest. Daraufhin entwirft sie mit einer befreundeten Lehrerin eine Unterrichtsreihe, in der sie von der Sexta bis zur Oberprima die Zeit des Nationalsozialismus unter unterschiedlichen Aspekten zum Thema machen. Gelegentlich auf drastische Weise: *Ich erinnere mich an eine sehr begabte Klasse von Vierzehnjährigen, wir diskutierten die Nazizeit. Ich bekam die Rechtfertigungen der Eltern aufgetischt: Hitler habe die Arbeitslosen von der Straße gebracht, die Inflation beseitigt, Ordnung wiederhergestellt und ähnliches. Zufällig hatte ich achtzehn Mädchen im evangelischen Religionsunterricht. In meiner Verzweiflung, irgendetwas klar zu machen, ließ ich sie aufstehen und zu dreien abzählen. „Stellt euch vor", sagte ich, „alle, die jetzt ‚drei' gesagt haben, müssen weg. Sie kommen ins Gas. Es gab achtzehn Millionen Juden in Europa, vor Hitler." Später erschien mir diese Methode pädagogisch problematisch; vergessen wurde sie wohl nicht.*

Die pädagogisch problematische Schocktherapie zeigt, wie bedingungslos sich Dorothee Sölle der deutschen Vergangenheit stellte. *Ich wollte keinen* [theologischen] *Satz mehr schreiben, in dem nicht das Wissen von der in der Tat größten Katastrophe meines Volkes gegenwärtig ist oder gegenwärtig gemacht werden kann.* Dorothee Sölle war sich damals sicher, nur auf dem Weg brutaler Konfrontation ließe sich die absolute Werteorientierung des Christentums begreifbar machen.

Und was hatten die Schülerinnen Sölles außerdem bei ihrer Religionslehrerin zu lernen? *Damals entdeckte ich Brecht,* erinnert sie sich; in ihrem Literaturstudium war Brecht nicht vorgekommen, sie hat ihn selbst für sich erschlossen. Vor allem die Schilderungen der Frauengestalten wie Mutter Courage aus dem gleichnamigen Stück, Shen Te aus dem „Guten Menschen von Sezuan" und die „Unwürdige Greisin" aus seinen Kurzgeschichten haben sie fasziniert. Brecht an einer Schule, an der bis dahin die Werke von Gertrud von Le Fort und Ernst Wiechert gelesen wurden – sie hat sich selbst darüber gewundert, dass man sie einfach gewähren ließ.

Offensichtlich hat ihrem Religionsunterricht der Unterricht ihrer eigenen Lehrerin Marie Veit Pate gestanden. Deren Prinzip: nicht nur Wissen vermitteln, sondern zum Denken und zur eigenen Urteilskraft herausfordern. Und sich der Vergangenheit stellen – eine unbedingte Forderung Dorothee Sölles an sich selbst und an alle Schülerinnen.

Trennungen

1960 trat erneut eine Wende im Leben Sölles ein. Zunächst meldete sich das dritte Kind an: Caroline. Die wachsenden Anforderungen der Familie, die engagierte Arbeit an der Schule und die langsam sich ausweitende Leidenschaft des Schreibens für Rundfunk und Zeitschriften wuchsen Dorothee Sölle über den Kopf. Sie musste ihr Leben ändern und eine Belastung loswerden: den regelmäßigen Schuldienst. In etwa derselben Zeit erschütterte die junge Familie ein anderes Ereignis tief: Die Ehe zerbrach, Dietrich Sölle zog aus, für Dorothee eine Katastrophe. In ihren Erinnerungen übergeht sie das Ereignis fast ganz – nur mit einer Bemerkung streift sie die Trennung: Sie habe ihr erstes Buch *Stellvertretung* als Versuch zur Selbstklärung geschrieben, *in den dunklen Jahren der Trennung von meinem ersten Mann, zunächst noch in der verzweifelten Hoffnung, dass er zu mir zurückfände.* Es waren harte Jahre, als sie nun mit drei kleinen Kindern allein war, hinzu kam der gesellschaftliche Druck, eine geschiedene Frau trug Anfang der 1960er Jahre noch den Makel eines gescheiterten Lebens. Die „Tochter aus gutem Haus" litt unter diesem gesellschaftlichen Komplex besonders. *Ich habe wirklich Jahre dazu gebraucht, beim Kinderarzt ganz schlicht und ruhig zu sagen: Mein Mann und ich leben getrennt, ich bin für die Kinder verantwortlich, bitte schreiben Sie meinen Namen auf die Rechnung, ich bezahle sie auch. Also so viel Selbstbewusstsein zu entwickeln, solche einfachen Sätze zu sagen in einer Gesellschaft, in der man sich schuldig fühlt für das Misslingen einer Ehe, das fiel mir sehr schwer.*

Die Trennung von ihrem Mann hat sie schwer belastet. Ihr erster Lebensentwurf war zerbrochen, über drei Jahre brauchte sie, *um die mich ständig begleitenden Wunschphantasien des Selbstmords zu überwinden.* Der Glaube an Gott, zu dem sie gemeinsam mit ihrem ersten Mann gefunden hatte, hat ihr auf eigenartige Weise geholfen. Auf einer Reise durch Belgien kam sie in eine spätgotische Kirche. *Ich schrie dort still um Hilfe, und darunter konnte ich mir zweierlei vorstellen: dass mein Mann zu mir zurückkehrte oder dass ich stürbe und diese Dauerhinrichtung endlich aufhörte. In dieser Kirche fiel mir, in mein Schreien versunken, ein Wort aus der Bibel ein: „Lass dir an meiner Gnade genügen!" … Ich muss damals in der Mitte des Tunnels angekommen gewesen sein … Aber „Gott" hatte mir gerade diesen Satz „gesagt". Ich kam aus der Kirche und betete von nun an nicht mehr darum, dass mein Mann zu mir zurückkäme. Sterben zu können, darum habe ich noch lange gebetet. Ich fing, in der Größe eines Stecknadelkopfes, an zu akzeptieren, dass mein Mann einen anderen, seinen eigenen Weg ging. Gott hat mich nicht getröstet wie ein Psychologe. Er warf mich mit dem Gesicht auf den Boden.*

Ausgerechnet in dieser schweren Zeit gab sie ihre Stelle als Lehrerin auf. Ein Leben als freie Autorin und Mutter war damals nicht leicht. Aber es erlaubte ihr, die Zeit besser einteilen zu können und für die Kinder da zu sein. Zum Glück standen die Eltern Nipperdey hinter diesem Entschluss und konnten ihrer Tochter unter die Arme greifen. Eine Haushälterin und später ein Au-pair-Mädchen verschafften der jungen Schriftstellerin – so bezeichnete sie sich – etwas mehr Bewegungsfreiheit. Auch die ersten wirtschaftlichen Schwierigkeiten linderten die Eltern. Dennoch: Sie wollte berufstätig bleiben, der Weg dazu schien klar: Warum nicht an eine Universitätskarriere denken?

Das Kreuz erfahre ich an den gekreuzigten Nächsten.

Dorothee Sölle

FÜNFTES KAPITEL

„Gott ist tot": eine Provokation

Als das Philosophische Institut der Technischen Hochschule Aachen einen Assistenten sucht, stellte sich Dorothee Sölle vor – und bekommt die Stelle. Allerdings: Eine Universitätskarriere anzustreben erschien ihr von vornherein als wenig verlockend.

Vor allem, als sie die Atmosphäre des universitären Alltags kennen lernte. *Als ich nach drei Kindern an die Universität zurückkam und Assistentin war, waren meine Konassistenten alles junge Männer, zehn Jahre jünger als ich. Und wenn der Professor einen Witz machte, dann durften sie auch mal lachen,*

40

sonst lachten sie nie. Ich fand das sehr merkwürdig, vor allem,
wenn der Witz dumm war.

Der „Zick-Zack-Weg" als Mutter

Dorothee Sölles Lebenssituation war eine andere als die
ihrer Kollegen. Wer die Verantwortung für drei Kinder zu
tragen hat, hat eine andere Lebensperspektive als die, sich
brav unterzuordnen und um jeden Preis nach oben kommen wollen – was immer man sich als junger Mensch unter
„oben" vorstellt. Zugleich entdeckt sie, dass sich die Bio-
grafie vieler Männer grundlegend von einer weiblichen
unterscheidet. Was für Männer meistens geradlinig verläuft
– Karriere, Erfolg, Familie –, das verlief für sie eher als *Zick-
Zack-Weg einer normalen Frau: Rein in die Uni, raus aus der
Uni, Kinder, Ehen – ich habe die Gebrochenheit der Karriere
erlebt, ich habe nie länger als einige Jahre in irgendeinem Zustand
zugebracht, der eigentlich dazu gedacht ist „Marsch, rauf auf die
Leiter, bis man oben ist".*

Allerdings ist es nicht allein die Lebensperspektive, die
sie von ihren Kollegen unterscheidet. Hinzu kommt, dass
sie zu spüren bekam, dass sie als Frau in einer von Männern
beherrschten Welt deutlich im Nachteil war.

Die Kinder, zwei, fünf und sechs Jahre alt, mögen die
Zeit, in der ihre Mutter häufig den Weg nach Aachen
machen musste und oft gestresst zurückkam, als nicht
besonders belastend empfunden haben. Sie hatten beide
Großmütter für sich – und den normalen Alltag. Dorothee
Sölle selbst aber hat stark darunter gelitten, sich zwischen
Beruf und Mutterrolle aufteilen zu müssen. Zwar musste sie
nur zwei Tage pro Woche nach Aachen, aber dennoch war
es für sie *eine furchtbare Zeit. Eigentlich war es ein sehr guter Job
für mich. Und ich dachte, das lässt sich machen, dass ich Montag*

41

und Dienstag weg bin und Dienstag am Abend wiederkomme und die Kinder ins Bett bringe. Aber meine Tochter [Michaela] wurde jeden Sonntag Abend krank und bekam Fieber. Das war eine richtige Psycho-Trotz-Krankheit. Das hat man natürlich erst allmählich gemerkt. Ich dachte, also gut, dann gebe ich eben so eine halbe Aspirin, um das Fieber ein bisschen runterzubringen. Aber wenn ich dann wegfahren musste und dann entweder so ein hilfloses junges Mädchen da war oder meine Schwiegermutter, die auch etwas ängstlich war, dann musste ich den Doktor holen, am Sonntag Abend noch, und dann bekam man keinen. Also es war furchtbar, es war eine wirklich schwere Zeit.

Verzweifelt suchte Dorothee Sölle nach besseren Lösungen – und geriet auch zu Hause unter Druck. Ihre Mutter bedrängte sie, sie könne schließlich nicht alles haben, Mutter sein und gleichzeitig einen Beruf ausüben. *Als ob Muttersein etwas wäre, was man mit einer Art von Selbstzerstörung erkaufen muss.* Für sie kam es nicht in Frage, ganz auf den Beruf zu verzichten, wie es ihre Mutter getan hatte. *Ich versuchte, Zeit für die Kinder zu haben, ihnen Märchen zu erzählen, mit ihnen zu singen und Unsinn zu machen. Dass sie Fischstäbchen zu essen bekamen statt richtigen Fisch, hielt ich nicht für das größte Unglück.* Auch wenn die Kinder vielleicht nicht das ganze Ausmaß des Konflikts spürten, in dem ihre Mutter lebte – sie reagierten doch mitunter deutlich auf ihre Abwesenheit. *Was willst du werden?*, fragt Dorothee Sölle eines Tages am Mittagstisch ihre Tochter Michaela. Patzig antwortet die: „Ich werde überhaupt nichts! Ich werde eine Mutter!" Woran Dorothee schwer zu schlucken hatte.

Zwei Jahre konnte Dorothee Sölle die Assistentenstelle in Aachen halten, dann wechselte sie nach Köln und nahm 1964 eine Stelle als wissenschaftliche Mitarbeiterin und Studienrätin im Hochschuldienst an der Universität Köln an, die sie drei Jahre lang innehatte. Der weite Weg nach

42

Aachen entfiel nun, sie findet mehr Zeit für ihre Kinder und sich selbst.

Streit um den „Tod Gottes"

Dorothee Sölles eigentliches Interesse als Autorin und Schriftstellerin galt in der ersten Hälfte der 1960er Jahre ausschließlich theologischen Themen. Vor allem der Westdeutsche Rundfunk, aber auch der Hessische und Süddeutsche Rundfunk sendeten größere Beiträge von ihr. 1960 eine Sendung zum Advent mit dem Titel *Oder sollen wir auf einen anderen warten,* im gleichen Jahr *Wir wissen nicht, was wir beten sollen.* 1961 legt sie einen biblischen Text aus und kontrastiert ihn mit der Aussage des damaligen Staatschefs der Sowjetunion, Nikita Chruschtschow: „Wir haben keinen Stolz, wir haben nur Interessen." Im gleichen Jahr schreibt sie ein Hörstück, in dem drei Personen über das leere Grab Jesu und die Lage der gegenwärtigen Theologie diskutieren. Die theologischen Arbeiten dieser Zeit atmen den Geist der Entmythologisierung und der „existentiellen Interpretation"; politisch im Sinn der späteren Arbeiten Sölles sind diese Texte nicht.

Neben den Texten für Rundfunk und Zeitungen entsteht das erste grundlegende Werk Sölles: *Stellvertretung – Ein Kapitel Theologie nach dem Tode Gottes.* Ein Werk mit ungeheurer Sprengkraft. Den provozierenden Untertitel wollte ein theologischer Verlag nicht akzeptieren, ohne Änderung werde er das Buch nicht ins Programm nehmen.

Dorothee Sölle blieb hart: Gerade auf diesen Untertitel kam es ihr an. Der Kreuz-Verlag in Stuttgart veröffentlichte 1965 das Werk ohne Änderung des Titels. Es machte Sölle über die kirchlichen und theologischen Fachkreise hinaus mit einem Schlag bekannt.

Das Echo war allerdings geteilt. Für manche war der theologische Gedankengang neu, anregend und auf der Höhe der modernen theologischen Diskussion. Für andere stand das Urteil fest: Hier meldete sich eine Atheistin zu Wort, die den Glauben an die Auferstehung und die Gottessohnschaft Jesu längst aufgegeben hatte. „Eine Germanistin verkündet den Tod Gottes", titelte eine konservative Zeitschrift. Zum ersten Mal trat Dorothee Sölle an eine (literarische) Öffentlichkeit, schon schieden sich die Geister an ihr.

Wer die rund 200 Seiten genau unter die Lupe nimmt, findet zunächst keinen wirklichen Anhaltspunkt für eine Polarisierung. Sölle geht von der Frage aus, wie ein Mensch zu sich selber kommt, und zwar im christlichen Sinn. Es geht im Grund um die Frage, was Jesus Christus für unser Leben bedeutet, wie er „stellvertretend" für uns sterben konnte, ohne uns die Verantwortung für unser Leben zu nehmen.

Dabei diskutiert Sölle zunächst die menschliche Situation unter dem Aspekt, ob ein Mensch tatsächlich austauschbar, ersetzbar – oder aber unersetzlich ist. Das sei eine falsche Alternative, behauptet sie. Denn einerseits ist der einzelne Mensch tatsächlich einzigartig und nicht beliebig austauschbar. Andererseits entspricht die Vorstellung, der Mensch sei unersetzlich, nicht unserer Lebenserfahrung, nach der alles austauschbar scheint. In Wahrheit gilt: Der Mensch ist unersetzlich, aber vertretbar. Auf den Glauben an Jesus Christus bezogen kann man diese Aussage etwa so übersetzen: Jeder Mensch trägt die Verantwortung für sein unverwechselbares Leben. Angesichts der Ewigkeit aber hat er einen Stellvertreter: Christus. *Wir erfahren in unserem Leben nicht die Identität, sondern die Differenz zwischen dem möglichen unerreichbaren Leben, das als Anspruch oder Wunsch oder Hoffnung gegenwärtig ist, und der erfahrenen*

Unmöglichkeit, dieses gemeinte Leben zu leben, die Differenz also zwischen Identität und Nicht-Identität.

Aber wie kommt es zu dieser „Stellvertretung" durch Christus? Wie kann man das Bedürfnis des Menschen, Verantwortung für sein Leben zu übernehmen, einlösen und gleichzeitig der Tatsache Rechnung tragen, dass diese Verantwortung niemals vollkommen sein kann?

Diese Frage war 1965 nicht neu. Dorothee Sölle führt den Theologen und Widerstandskämpfer Dietrich Bonhoeffer an, für den diese Frage eine Existenzfrage geworden war – in der Form, ob man es verantworten könne, den Verbrechen eines menschenverachtenden Regimes tatenlos zuzuschauen statt einzugreifen und, stellvertretend für viele, Widerstand zu leisten. In seiner unvollendeten „Ethik" gab Bonhoeffer eine eindeutige Antwort: Wer Christus ernsthaft nachfolgen will, muss für die Welt dasein „in der vollkommenen Hingabe des Lebens an den andren Menschen". Kurz gefasst: Weil Christus uns vertritt, darum ist unser Leben zur Stellvertretung bestimmt.

Auf diesen Grundsatz Bonhoeffers baut Dorothee Sölle auf, und zwar in doppelter Weise.

Einmal greift sie einen Gedanken Bonhoeffers auf, den dieser vor allem in seinen letzten Briefen niedergeschrieben hat. „Gott ist ohnmächtig und schwach in der Welt – und gerade und nur so ist er bei uns und hilft uns." Hier liege der entscheidende Unterschied zu allen Religionen. „Die Religiosität des Menschen weist ihn in seiner Not an die Macht Gottes in der Welt, Gott ist der deus ex machina. Die Bibel weist den Menschen an die Ohnmacht und das Leiden Gottes; nur der leidende Gott kann helfen."

Dorothee Sölle spitzt den Gedanken der Ohnmacht Gottes in der Welt zu: Wenn Christus tatsächlich die Rolle Gottes in der Welt übernommen hat, dann wird sie dadurch verändert – zu einer Rolle des ohnmächtigen Gottes. Und das bedeutet: Das Bild des „allmächtigen Gottes", der über die Welt regiert und alles lenkt und zum Guten wendet, der König, Vater und Herrscher ist über die Welt, der wegen des Leidens der Unschuldigen angeklagt wird, ist erledigt; es kann nicht mehr für den wahren Gottes stehen. In diesem Sinn ist „Gott tot". Eigentlich müsste man sagen, das Bild des allmächtigen Gottes ist „tot", weil es nichts mehr auszusagen vermag. Die Verkürzung *Gott ist tot* klingt allerdings prägnanter und provoziert.

In einer anderen Beziehung geht Dorothee Sölle gleichfalls über Bonhoeffer hinaus. Bonhoeffer fragt, wie ein Leben aussehen könnte, das an der „Ohnmacht Gottes in der Welt" teilnimmt. Sölle beantwortet diese Frage eindeutig. Es ist die tätige Solidarität mit den Leidenden, mehr noch: das Sich-Einsetzen für sie. *Dass Gott in der Welt beleidigt und gefoltert, verbrannt und vergast wurde und wird, das ist der Fels des christlichen Glaubens, dessen Hoffnung darauf geht, dass Gott zu seiner Identität komme. Dieser Schmerz ist unauslöschlich, und diese Hoffnung kann nicht vergessen werden.*

Und so schließt das Buch mit einem Appell. Der ohnmächtige Gott braucht Hilfe. *Als die Zeit erfüllt war, hatte Gott lange genug etwas für uns getan ... Es ist nunmehr an der Zeit, etwas für Gott zu tun.*

In der *Stellvertretung* wird Sölles Denkweise als Theologin in mehrfacher Hinsicht deutlich. Einmal im äußeren Erscheinungsbild: Zwar setzt sie sich in klassisch-wissenschaftlicher Weise mit der theologischen Tradition auseinander. Aber der für wissenschaftliche Arbeiten unerlässliche Fußnotenreichtum fehlt bis auf wenige Anmerkungen. Am Ende des Buches gibt es kein Literaturverzeichnis, sondern lediglich *Leseratschläge*. Auch fehlt die klassisch-systematische Sprache; ginge es nach deren Sprachregeln, müsste vom „Opfertod Jesu", von „Sühne", Sünde und Schuld die Rede sein. Sölle umgeht diese Markenzeichen der traditionellen theologischen Begrifflichkeit. Das hat ihr später den Vorwurf eingebacht, sie arbeite „wissenschaftlich oberflächlich". Statt dessen geht sie von der Suche des Menschen nach seiner Identität aus, betreibt, wie man es zu dieser Zeit gern nannte, eine „Christologie von unten", ausgehend von der Lebenssituation des Menschen. Ihre Leserschaft sucht sie nicht vor allem unter Fachkollegen, sondern im breiteren Raum christlich interessierter und fragender Menschen.

Der Appell am Ende des Buches stellt einen zweite Weiche in Richtung des Weges, den die junge Theologin beschreiten möchte: den der Aktion. „Gehe hin und tue desgleichen!" Die *Stellvertretung* schließt nicht mit diesem oft verwendeten Predigtappell. Vielmehr geht es Dorothee Sölle darum, die alte Korrelation von Reflexion und Aktion neu zu artikulieren. Beides gehört zusammen, so wird sie später einmal ihr Verständnis christlicher Haltung beschreiben und dabei auch auf Roger Schutz verweisen, den ehemaligen Prior von Taizé und dessen Zusammenschau von „lutte et contemplation", von Kampf und mystischer Versenkung.

Man hat Dorothee Sölle vorgeworfen, sich zu Unrecht auf Bonhoeffer zu berufen. Das trifft nur teilweise zu. Dessen Ansatz der „religionslosen Interpretation" der christlichen Botschaft hat sie sehr wohl fortgeführt. Allerdings verändert sie dessen Denkansatz eines „Lebens, als ob es Gott nicht gebe" deutlich. Was für Bonhoeffer eine bis ins Unerträgliche gesteigerte Spannung christlichen Lebens bedeutet, löst Sölle in Richtung Aktion. *Man muss etwas für Gott tun!* – diesen Appell hätte Bonhoeffer so nicht aussprechen können. Allerdings muss man auch gelten lassen, dass Sölle dabei nicht Bonhoeffer interpretiert, sondern bewusst weiterführt.

Ähnliches gilt von der in der deutschen philosophischen Tradition lange schon überlieferten Aussage, dass Gott tot sei. Es mag sein, dass Sölle zu dieser Zeit die Diskussion um die „Gott-ist-tot"-Theologie in den USA gekannt hat. Merkwürdig ist, dass in ihren *Leseratschlägen* jeder Hinweis darauf fehlt. Sehr wohl aber verweist sie auf Hans Jonas, den Philosophen aus jüdischer Tradition, der später im „Gottesbegriff nach Auschwitz" die Frage nach der Allmacht Gottes gestellt und verneint hat. Der Gedanke des Todes Gottes ist in der deutschen Tradition dagegen sehr wohl beheimatet. Der Philosoph Georg F. W. Hegel hat ihn im Anschluss an Luthers Karfreitagslied „Oh große Not, Gott selbst ist tot" (das spätere Generationen in die Verszeile „Gott's Sohn ist tot" abgemildert haben) als Denkprinzip verwendet, in seinem Gefolge hat Friedrich Nietzsche in „Also sprach Zarathustra" diese Botschaft dem Gottsucher in den Mund gelegt. Sölle dagegen versteht die Aussage als aktuelle Botschaft. Frühere Zeiten hätten an den allmächtigen Vater glauben können, der „alles so herrlich regieret". Dieser Glaube aber ist ihrer Meinung nach heute, nach Auschwitz, nicht mehr möglich.

Das „Politische Nachtgebet"

Beten und Handeln sind Schwestern – dieser Grundsatz zeitigte im Jahr der Studentenrevolten in Deutschland eine Form des Gottesdienstes, die bis dahin unbekannt war: das „Politische Nachtgebet". In Köln hatte sich 1967 ein ökumenischer Freundeskreis aus katholischen und evangelischen Christen zusammengefunden. Dazu gehörten der katholische Publizist Walter Dirks, der Schriftsteller Heinrich Böll, Marie Veit, die ehemalige Religionslehrerin von Sölle, der Benediktinermönch Fulbert Steffensky aus Maria Laach und andere. Dorothee Sölle gehörte zu den besonders engagierten Personen in diesem Kreis. Im Zentrum der

Gespräche standen zunächst theologische Themen. Man diskutierte über neue Formen des Glaubensbekenntnisses, sprach über konfessionsverschiedene Ehen, über ein neues Verständnis der Sakramente. Dann traten die theologischen Kontroversen allmählich hinter politisch brisante Themen zurück. *Es lag uns fern, den christlichen Glauben in Ethik aufzulösen, wie damals manchmal unterstellt wurde, aber wir dachten über das nach, was uns von Gott trennt, über das, was mit einem aus der Mode geratenen Wort „Sünde" genannt wird. Dieser theologische Grundbegriff hat sich in den letzten 30 Jahren radikal verändert, das ist eine der Leistungen der Menschen meiner Generation. Es wurde immer klarer, dass dieses uns von Jesu Leben Trennende nicht im Bett passiert, sondern in unserer Lebensweise, in unserer Politik. Daraus entstanden die „Politischen Nachtgebete" in Köln und sie beruhten ganz zentral auf einer „Politisierung des Gewissens". Von wem kaufen wir unseren billigen Kaffee und die Bananen, an wem bereichern wir uns, wie verhalten sich unser Reichtum zur Armut der Mehrheit der Menschen, wie verhalten wir uns zur Schöpfung und all ihren Lebewesen, wohin gehen unsere Steuern, fragten wir angesichts der Aufrüstung Deutschlands. Haben wir überhaupt etwas aus der Nazizeit gelernt? Muss es denn immer so barbarisch weitergehen? Wir lernten miteinander und voneinander. Es entstand, was man „Politische Theologie" nannte.*

Brisant war in dieser Zeit vor allem das Thema Vietnam. Sölle war damit unmittelbar in Berührung gekommen, weil einer ihrer Freunde als Arzt in Vietnam arbeitete und jedes Jahr seinen Urlaub in Europa verbrachte. Der Mediziner Ernst Wulff hatte erste Verbindungen zum Vietkong, er hat dort Verwundete gepflegt, dadurch wusste Dorothee Sölle sehr früh und sehr viel über Vietnam. Diese Informationen wollte der Kölner Kreis der Öffentlichkeit zugänglich machen. An einer katholischen Kirche wurde dann der „Arbeitskreis Vietnam" ins Leben gerufen. Im Dezember

1967 fand eine Veranstaltung vor der Kirche St. Alban in Köln statt – die Kirche allerdings durfte dazu nicht benutzt werden. Im darauffolgenden Frühjahr am Karfreitag gab es auf dem Kölner Neumarkt eine Demonstration, deren Titel allein schon großen Ärger verursachte: „Vietnam ist Golgotha".

Inzwischen hatte sich die ökumenische Gruppe von zwölf auf insgesamt etwa 30 Personen erweitert. Langsam setzte sich in den Treffen die Ansicht durch, theologisches Nachdenken ohne politische Konsequenzen grenze an Heuchelei. Ein Satz Dorothee Sölles prägt das Selbstverständnis der Gruppe: *Jeder theologische Satz muss zugleich auch ein politischer sein.*

An die Öffentlichkeit trat der Kreis im September 1968. Auf dem Katholikentag in Essen sollte eine theologischpolitische Veranstaltung zur Situation in der Tschechoslowakei nach dem „Prager Frühling" stattfinden. Die Katholikentagsleitung reagierte freundlich-abwiegelnd und teilte dem Kreis mit: „Das könnt ihr gerne tun, aber sehr spät." Um elf Uhr abends wurde ihnen eine Kirche zugeteilt, deswegen wurde die Veranstaltung eher ironisch als „Nachtgebet" bezeichnet. Die „Liturgie" des Abends bestand aus der Schilderung der politischen Situation, ihre Konfrontation mit biblischen Texten, einer kurzen Ansprache, Aufrufen zu Aktionen und schließlich einer Diskussion mit der Gemeinde.

Nach dem Katholikentag sollte eine ähnliche Veranstaltung in Köln stattfinden. Geplant war, in die katholische Kirche St. Peter zu gehen, deren Pfarrer schon zugesagt hatte. Sofort erhob Kardinal Höffner Einspruch. Fulbert Steffensky fragt heute augenzwinkernd, ob das nicht ein Trick des Heiligen Geistes gewesen sei, denn das Verbot habe die Veranstaltung erst richtig populär gemacht. „Kardinal sperrt Beter aus", titelte „BILD". Das Politische

Nachtgebet" fand ein gewaltiges Presse-Echo. Die Suche nach einer Kirche hatte rasch ein Ende: Ein evangelisches Presbyterium lieh der Gruppe seine Kirche. Die kleine gotische Antoniterkirche in der Schildergasse war überfüllt, rund zwölfhundert Leute drängten sich in dem engen Raum, die Baupolizei musste eingreifen, die Veranstaltung selbst aber konnte stattfinden.

So groß war die Nachfrage, dass das „Nachtgebet" am nächsten Abend wiederholt werden musste. Der Andrang überzeugte den Kreis, regelmäßige „Nachtgebete" zu veranstalten. An Themen fehlte es nicht: Gefängnis, Stadtplanung, Dritte Welt, Frauenemanzipation.

Dem Kirchenverbot durch Kardinal Höffner folgten weitere Konflikte. Katholischen Amtsträgern wurde die Teilnahme an den „Nachtgebeten" untersagt. Heinrich Böll protestierte heftig gegen das Verbot; eine „geradezu absurde Frechheit" sei dessen Begründung, Politik gehöre nicht in die Kirche. Er ermutigte die Arbeitsgruppe mit einem Brief. „Ich begreife Ihren Eifer nicht, unbedingt in ‚geweihten' Räumen Aufnahme zu finden. Ist das noch wichtig? Würde es nicht Ihre Zuhörer, die Gemeinde, die sich in Köln um Sie gebildet hat, eher abschrecken? ... Es sollte doch endlich genug sein mit der Höflichkeit gegen Unhöfliche, mit der Fairness gegen Unfaire, und das Zeitalter der Demut gegenüber offiziös-offiziellen Vertretern der katholischen Kirche sollte endgültig vorbei sein."

Der Konflikt mit der evangelischen Kirche sollte nicht lange auf sich warten lassen. Er entzündete sich zunächst an einem Text, den Dorothee Sölle am 1. Oktober während des „Nachtgebets" gesprochen hatte, dem „Credo". Was für manche eine „respektable persönliche Glaubensaussage" war, nannte der Präses der Rheinischen Landeskirche, Joachim Beckmann, eine „Häresie, die in einer Kirche nicht laut werden darf". Auf dem Höhepunkt des Streits erklärte der durch die „Bekennende Kirche" geprägte Präses Beckmann, mit der Verbindung von Politik und Glaube tue das „Nachtgebet" Ähnliches wie die „Deutschen Christen" während des Nationalsozialismus. Fulbert Steffensky erinnert sich: „Wir waren jung, haben natürlich den Konflikt auch geliebt und waren nicht gerade kompromissbereit. Wir haben wahnsinnig gearbeitet in dieser Zeit, habilitiert, promoviert, Kinder gekriegt, ich weiß gar nicht, wie man das damals alles geschafft hat. Das Nachtgebet fand seine Ableger, in Rheinhausen, dann in Berlin, sogar in Australien gab es ein ‚Political Night Prayer'." Auch nach Italien gab es Kontakte, erinnert sich Steffensky, „zu Don Mazzi, einem entlassenen Arbeiterpriester in Mailand. Und zu San Stefano in Rom, mit dem Abt Franzoni. Unter uns gab es viele Konflikte politischer Art, zum Beispiel mit den Studenten, die viel linker waren. Und dann gab es solche, die sagten: ‚Politik? Prima! Aber bitte kein Gebet!' Dorothee aber hat immer darauf bestanden: ‚Doch, hier wird gebetet!'"

Und dann irgendwann hörte die Gruppe auf, „Politische Nachtgebete" zu veranstalten. Die Gruppe zerfiel, zum Teil durch Wegzug oder dadurch, dass manche zu sehr von ihrem Beruf oder ihre Familie in Anspruch genommen worden waren. Der „innere Kern" wurde immer kleiner, schließlich hörte er auf zu existieren.

Das „Politische Nachtgebet" war als Veranstaltung tatsächlich an die Zeit gebunden, in der viele Menschen das Bedürfnis hatten, alte und verkrustete Strukturen aufzubrechen und die Gesellschaft zu verändern. So kam es, dass die Nachtgebete nicht nur die konfessionellen, sondern auch die kirchlichen Grenzen sprengten. Angesprochen fühlten sich nicht nur Kirchenangehörige. Es gab Leute, die den Gottesdienst anhörten, auch mitdiskutierten, die aber keine Gebetshaltung einnahmen und die gemeinsamen Anrufungen nicht mitsprachen. Sie kamen aber beim nächsten Mal wieder. *Sie gehörten in einem neuen Sinn zur Gemeinde, die nicht durch Rechtgläubigkeit konstituiert wurde, sondern durch die Fragen, die Christus an unser Leben stellt.* Dabei trat ein wesentliches Element des traditionellen Gottesdienstes in den Hintergrund: die Liturgie, die „zwecklose Feier". Dorothee Sölle hat dieses Defizit bei den Gottesdienstbesuchen in New York während ihrer Jahre am Union College festgestellt. Das „Politische Nachtgebet" sei *stark von Analyse, Reflexion und Dokumentation bestimmt gewesen, war ein Stück Bewusstseinsarbeit. Das Gefühl, dass das Leben wert ist, gelebt zu werden, dass man es auch loben, ja preisen soll, ging mir erst in Amerika richtig auf. „Feiern": Dieses Wort spielte dort auch innerhalb des religiösen Bereichs eine große Rolle: „to celebrate".*

Glück ist die Gewissheit,
gebraucht zu werden,
und ein Bedürfnis, für
andere da zu sein.
Dorothee Sölle

SECHSTES KAPITEL

Partner, Freunde, Weggenossen

Martin Buber spielt im Leben Dorothee Sölles eine besondere Rolle. Gar nicht so sehr in theologisch-intellektueller
Hinsicht. Von Buber habe sie Wichtiges über die Ehe
gelernt, bekannte sie, und bezeichnete ihn an anderer Stelle als „Schadchen", wie man im Jiddischen sagt, als
„matchmaker", ihren Heiratsvermittler für die Ehe mit Fulbert Steffensky.

1956 war Dorothee Sölle Martin Buber zum ersten Mal
begegnet. Die junge Deutsch- und Religionslehrerin wollte
im Rahmen der Gesellschaft für christlich-jüdische Zusam-

menarbeit nach Jerusalem reisen und hatte zuvor einen Brief an Martin Buber geschrieben mit der Bitte, ihn treffen zu dürfen. Sie erwähnte ihren akademischen Lehrer Friedrich Gogarten, von dem sie grüßen solle – er habe sie auf ihn, Buber, hingewiesen. Buber empfing die Sechsundzwanzigjährige Deutsche tatsächlich, allerdings konnte der Kontakt nicht sehr intensiv werden. *Er stellte mir die Frage: „Theologie – wie machen sie denn das eigentlich? Es gibt doch keinen Logos von Gott?"* Da habe sie sich ein wenig geniert und wäre am liebsten gleich nach Hause gefahren. Aber das Gespräch entstand doch – *Ich habe ihm dann erzählt, wo Gott bei mir im Religionsunterricht vorkommt – bei der Rechtfertigungslehre Luthers.*

Erst später hat sie die Spuren der Themen Bubers in ihrem eigenen Denken entdeckt. Dem die Beziehung zwischen Ich und Du ein Anliegen war, die Begegnung zwischen Menschen und das Erzählen dessen, was sich in dieser Begegnung ereignet. Eine Konsequenz, die sie aus der Auseinandersetzung mit Bubers Werken zieht: *dass das Geschichtenerzählen und die Theopoesie der Sache mit Gott vielleicht näher kommt als der Logos von Gott.* Zehn Jahre später reist Dorothee Sölle abermals nach Jerusalem, diesmal zu einer theologisch-philosophischen Tagung von Katholiken, Protestanten und Juden. *Am Abend waren wir in einem seltsamen Hospiz, wo es nichts zu trinken gibt, und ich befand mich mit drei Männern auf einem Zimmer. Sie hatten Schnaps dabei, und den tranken wir recht fröhlich. Da stellte sich heraus, dass die drei Mönche waren! Solche Leute hatte ich in meinem Leben noch nie näher betrachtet, und einer davon war Fulbert Steffensky, mein späterer Mann. Er hatte auf einer anderen Reise ebenfalls schon Martin Buber besucht. Inzwischen war Buber jedoch gestorben. Fulbert sagte: „Dann gehen wir morgen zum Grab von Buber"* – und so fing alles an. Die beiden arbeiteten beim „Politischen Nachtgebet" zusammen, aus dem politischen und

christlichen Gleichklang erwächst eine enge persönliche
Beziehung. Der Benediktiner-Mönch Steffensky lässt sich
laisieren, verlässt Dorothee Sölle zuliebe auch seine katholische Konfession. 1969 heiraten die beiden, im Jahr darauf
wird die gemeinsame Tochter Mirjam geboren. Die Ehe mit
Fulbert Steffensky, der später als Erziehungswissenschaftler
im Bereich der Religionslehrerausbildung an der Universität
Hamburg arbeitet, lebt von Beginn an mit der vom Humor
und der theologischen Sachlichkeit gemilderten Verschie-
denheit der beiden Partner. *Wir spielen mit den Gegensätzen
nicht nur der Klasse und Konfession, sondern auch mit denen der
Alltagsgewohnheiten, der überlieferten Weihnachtslieder und
Erziehungsversuche. Seit einem Vierteljahrhundert leidet Fulbert
unter meinem zu starken Tee und ich unter seinem zu starken
Kaffee, verspottet er meinen „protestantischen Wahrheitsfimmel"
und ich seine „katholisch-liebenswürdige Unschärfe".*

Zugleich aber bindet sie eine Gemeinsamkeit, die die
gesamte Lebensorientierung betrifft: die feste Überzeugung,
dass die Ehe eine produktive Begegnung ist. *Die Institution
Ehe ist mit dem Ackerbau entstanden und braucht ein gemeinsames Drittes, das können Kinder sein oder ein Theater wie bei
Brecht und Weigel. Ohne Gemeinsamkeit in der Arbeit keine Ehe,
ohne gemeinsame Ziele in der Gesellschaft keine Ehe, ohne Vision
vom anderen Leben keine Ehe, sondern nur die bloße verblödete
Konsumorientierung zu zweit. Ohne Es kein Ich-Du, ohne Welt
kein gemeinsames Wachsen.*

Der Benediktinermönch schien zunächst in Dorothees
„Raritätenkabinett" zu passen – das war der erste Eindruck,
den die Jugendfreundin Sölles, Margot Zmarzlik, von der
wachsenden Vertrautheit der beiden bekam. Dorothee Sölle
hatte ihrem Eindruck nach schon immer eine große Vorlie-
be für originelle Menschen besessen, „vor allem für Einzel-
gänger, die ihrer produktiven Phantasie eine große Projek-
tionsfläche boten. Aber: Er war der Richtige, er war gleich-

sam der entideologisierte Ein und Alles unserer Jugend. Er gab ihr in all den Jahren den Freiraum, den sie brauchte, um sie selbst zu sein, um ihre Interessen und ihre Produktivität leben zu können." Einen Freiraum, um den sie lange hatte kämpfen müssen.

Nicht allein die gemeinsamen Ziele in der Arbeit hat die Ehe glücklich gemacht. Sie haben Ideen ausgetauscht, an gemeinsamen Themen gearbeitet. „Wie oft kam sie", erzählt Fulbert Steffensky, „kaum hatte sie eine halbe Seite geschrieben, angelaufen und fragte: ‚Wie findest du das?'" Der Gedankentausch war eine beglückende Erfahrung, ein Lebensspiel, das immer neue Regeln suchte und fand. Steffensky: „Sie hat nicht gelebt, um zu kämpfen und zu arbeiten. Sie war zu Hause im Spiel; in dem also, was sich nicht durch seine Zwecke rechtfertigt. Sie hat Klavier gespielt bis zum letzten Tag. Sie hat im Kirchenchor gesungen bis zur letzten Woche. Sie hat mit ihren Enkeln gespielt. Sie hat Gedichte gelesen und geschrieben. Zu Hause war sie in jenen nutzlosen Köstlichkeiten. Ihre Gelassenheit in allem Zorn hatte einen Grund, den sie in ihrem letzten Vortrag so formulierte: ‚Wir beginnen den Weg zum Glück nicht als Suchende, sondern als schon Gefundene.'"

Auch durch ihre literarischen Arbeiten gewann Sölle viele Freunde – gemeinsam mit Wolfgang Fietkau, Arnim Juhre und Kurt Marti gab sie ab 1967 den „Almanach für Literatur und Theologie" heraus. Vor allem die analytisch-theologische Schärfe des Schweizers Marti hat sie tief beeindruckt – einige seiner Gedichte kannte sie schon vorher, dann lernte sie den *großen Schweiger aus Bern* persönlich kennen. Mit ihm verband sie eine lange Freundschaft, sie bewunderte seine Art, Poesie und Religion miteinander zu verknüpfen, in ihren Augen *arbeitete er an einer Art Schadensbegrenzung, zumindest des Schadens, den die Poesielosigkeit der akademischen Theologie angetan hat.*

Neue Begegnungen und Freundschaften brachte auch die Arbeit im Herausgeberkreis der Zeitschrift „Junge Kirche". Dort lernte sie Georges Casalis kennen, mit dem sie eine lange Freundschaft verband. Bei ihren Besuchen in Nicaragua in den Jahren 1983 und 1984 festigt sie diese Freundschaft. Casalis, ehemals Mitkämpfer der Résistance gegen die deutsche Besatzung in Frankreich, Schüler des bedeutenden Theologen Karl Barth und Professor am „Institut Protestant de Théologie", ein entschiedener Sozialist und militanter Befreiungstheologe, der 1987 in Nicaragua „verschwand". Enge Beziehungen bestanden auch zu dem Berliner Theologen Helmut Gollwitzer, ebenfalls ein Barth-Schüler und sehr engagiert im Dialog zwischen Christen und Marxisten – und nicht zuletzt zu Martin Niemöller, dem entschiedenen Pazifisten, der 1967 nach Nordvietnam gereist war und zu den radikalen Rüstungsgegnern in der Bundesrepublik zählte.

Prägend war auch die lange Freundschaft mit Heinrich Böll. Viele gemeinsame Abende haben Fulbert Steffensky und Dorothee Sölle bei Böll und seiner Frau Annemarie in Langenbroich in der Eifel verbracht. Bei gemeinsamem Singen, Essen und einem Glas Wein entstand eine *selbstverständliche Nähe*. Gestärkt wurde sie auch durch gemeinsame Erlebnisse bei Demonstrationen in Bonn, bei Widerstandsaktionen wie der Blockade bei Mutlangen im Jahr 1983 und der spektakulären „Besetzung" des Kölner Doms im Herbst 1970. Als Heinrich Böll im Sommer 1985 starb, empfand Dorothee Sölle den Verlust wie das Verlieren eines Schutzes: *Mir fehlt jemand, bei dem ich mich verstecken kann.*

Sozialistin und Christin –
und was ist „Politische Theologie"?

Auf die Frage nach meinem politischen Standort hatte ich immer nur eine lakonische Antwort parat: links, was sonst? Eine nur teilweise lakonische Antwort, sie ist wortkarg, aber nicht unbedingt treffend. Denn wer so antwortet, will provozieren, weil er Vorurteile geradezu herausfordert. Das Etikett „links" war für viele Theologen Ende der sechziger Jahre eine Kampfansage, an die etablierte Gesellschaft wie an die etablierte Theologie. Dorothee Sölle selbst verstand das „links" im Sinn einer *Radikalisierung* ihrer Theologie. Sie war der Überzeugung: *Man kann doch nicht Amos und Jesaja und deren Ruf nach verwirklichter sozialer Gerechtigkeit lesen ohne die marxistische Kritik am Kapitalismus sofort gegenwärtig zu haben. Das wäre absolut undankbar gegenüber einem Gott, der uns Propheten mit der Botschaft sendet, dass Jahve kennen Gerechtigkeit üben heißt.* So begründet Sölle in der Erinnerung ihre Sicht des Christentums Ende der sechziger Jahre. *Konnten wir es uns leisten, Marx zu ignorieren in einer Zeit, in der jedem aufmerksamen Beobachter des Elends der Dritten Welt klar sein sollte, dass der Kapitalismus den Hunger weder stillen konnte noch stillen wollte?*

Am nächsten steht sie Johann Baptist Metz und dessen Motiv einer „Theologie nach Auschwitz". *Es gibt kein Leid, das fremdes Leid ist,* formuliert sie in ihrem Buch *Leiden.* Das Gottesbild und das Bild der Nachfolge Jesu haben sich in Auschwitz grundlegend verändert – darin stimmt sie mit Metz überein. Dorothee Sölle stammt jedoch aus einer anderen Lebenserfahrung als Metz: Aus der Zeit der „ersten Friedensbewegung" in den 50er Jahren, die sich damals als „Kampf gegen den Atomtod" artikulierte. *Wir waren damals oft elend kleine Gruppen, viele ältere Frauen in abgeschabten Mänteln dabei. Einmal sprach Martin Niemöller zu uns. Wir hockten in* den winzigen Bänken einer Volksschulklasse in Köln-Ehrenfeld. Ich hatte versucht, einen jungen forschen Journalisten für uns zu interessieren. „Das lohnt doch nicht, so'n paar alte Friedenstanten", war seine Antwort. Die Beleidigung vergesse ich nie: gegen die älteren Menschen, die immerhin zwei Weltkriege mitgemacht hatten, gegen die Frauen, die man eh nicht ernst nehmen muss – und gegen den Frieden. Heute kann man sich kaum die hitzige Atmosphäre vorstellen, in der Ende der 50er Jahre um die „Wiederbewaffnung" gestritten wurde. Die atomare Bewaffnung der Bundeswehr, die am 25. März 1958 vom Bundestag beschlossen worden war, provozierte eine eindrucksvolle außerparlamentarische Aktivität in den sonst eher stillen fünfziger Jahren. Kundgebungen, Mahnwachen und Demonstrationszüge fanden in vielen deutschen Städten statt, zahlreiche Prominente aus Film, Literatur und Wissenschaft nahmen teil, neben anderen die Schriftsteller Gertrud von Le Fort und Hans Magnus Enzensberger, die Schauspieler Dieter Borsche und Victor de Kowa. 18 Göttinger Professoren verfassten einen Appell gegen die Atombewaffnung, die als „Göttinger Erklärung" vom 12. April 1957 in die Geschichte einging und die Kampagne „Kampf dem Atomtod" auslöst. Sogar SPD-Politiker wie Helmut Schmidt forderten einen „Demonstrationsstreik" der Gewerkschaften gegen die Bundestagsentscheidung. Doch die Bewegung kam zum Stillstand, als das Bundesverfassungsgericht die Durchführung einer Volksbefragung untersagte und schließlich die SPD mit ihrem „Godesberger Programm" von 1959 auf den Kurs Befürwortung der Bundeswehr und ihrer Integration in die NATO einschwenkte. Damit verlor die Bewegung „Kampf dem Atomtod" ihre logistische Unterstützung und fiel in sich zusammen. Aus ihren Trümmern sollte sich später die Ostermarschbewegung entwickeln.

Man muss diesen Hintergrund kennen um einschätzen zu können, was die *Politisierung des Gewissens* und damit die

Politisierung der Theologie bei Sölle bewirkt hat. Schon die junge Lehrerin lernte die Marginalisierung der ersten Friedensbewegung als „kommunistisch gelenkt" kennen, obgleich in dieser Bewegung viele Politiker und Wissenschaftler engagiert waren, die dem Kommunismus fern standen – wie etwa Gustav Heinemann oder evangelische Kirchenpräsidenten und prominente katholische Schriftsteller wie der untadelige Reinhold Schneider. Allerdings begegneten sie in dieser Bewegung auch Mitgliedern der KPD, des FDJ, Pazifisten aller Couleur und Sozialisten. Man begann in diesen Kreisen Brecht zu lesen, Marx und Engels – lange bevor die Studentenunruhen der Zeit um 1968 diese Literatur als neues Evangelium feierte. Aufgrund dieser Erfahrungen mit der ersten Friedensbewegung, dann aber vor allem aus der Erfahrung des „Politischen Nachtgebets", entwickelte Sölle den Gedanken einer „Politischen Theologie".

Ihre theologische Begründung allerdings trägt ein anderes Gesicht. Am 7. Oktober 1970 hält sie in der Evangelischen Akademie Hofgeismar vor dem „Theologischen Arbeitskreis Alter Marburger" einen Vortrag, der wenig später als Buch erscheint und in dem sie sich deutlich von dem Bibelwissenschaftler Rudolf Bultmann distanziert, den sie früher so verehrt hatte. Sie gesteht ihm zu, dass er mit dem Programm der „Entmythologisierung" zu seiner Zeit zwar eine entscheidende Entdeckung gemacht habe. Aber diese Entdeckung genüge den neuen Ansprüchen der Erfahrungen der sechziger Jahre nicht mehr. Es gehe vielmehr darum, die biblisch-kritische Tradition aufzunehmen und als Religions-, Herrschafts- und Gesellschaftskritik in unseren gesellschaftlichen Verhältnissen neu zu realisieren. *Dass Gott uns alle und sogar jeden einzelnen liebt, ist eine allgemeine theologische Wahrheit, die ohne Übersetzung zur allgemeinen Lüge wird. Die Übersetzung dieses Satzes ist die weltverändernde Praxis.*

Dorothee Sölle selbst verlieh ihrem theologischen Entwurf das Etikett „Politische Theologie" – eine Formulierung, mit der sie später nicht glücklich ist. Schließlich sei jede Theologie „politisch", auch die „unpolitische" Theologie nehme entweder durch Schweigen oder durch „Über-andere-Dinge-Reden" Stellung zu bestimmten politischen Fragen. *Man kann das Neue Testament nicht lesen, ohne davon berührt zu sein, dass auf jeder Seite über Armut gesprochen wird oder dass das Wort „Frieden" ständig aufkommt.*

Ihr Programm einer „Politischen Theologie" hat damals viele Kritiker, aber auch viele Anhänger gefunden. Der Hauptvorwurf, diese Theologie löse das Christentum in Ethik auf, ist allerdings nicht zu halten. Kritisch aber ist zu diesem Entwurf anzumerken, dass er zwar auf eine „Praxis des christlichen Glaubens" drängt und die soziale Dimension der Botschaft Jesu in den Blick nimmt, dabei aber das Moment der „Erlösung" und der „Vergebung" immer stärker in den Hintergrund tritt. Gibt es im Christentum ein „Mehr", das nicht im Erreichen irdischer Gerechtigkeit und in der Politik aufgeht, eine Vision oder Utopie, die über die reale Welt hinausgeht?

Anfang der 1970er Jahre begegnet sie erstmals der „Befreiungstheologie" (zuerst im Buchtitel des lateinamerikanischen Theologen Gustavo Gutiérrez); in diesem Begriff sieht sie ihren theologischen Entwurf besser artikuliert.

Das Christentum
setzt voraus, dass
alle Menschen
Dichter sind,
nämlich beten
können.
Dorothee Sölle

SIEBTES KAPITEL

Die Theopoetin

Noch während der aufreibenden Diskussionen in und um die „Politischen Nachtgebete" arbeitet Dorothee Steffensky-Sölle an ihrer Habilitationsschrift. Im Sommer 1970 reicht Sölle die rund 400 Seiten starke Arbeit an der philosophischen Fakultät der Universität Köln ein. Ihr Thema – *Realisation. Studien zum Verhältnis von Theologie und Dichtung nach der Aufklärung* – ist auf dem Grenzgebiet von Theologie und Literaturwissenschaft angesiedelt. Sie analysiert literarische Texte unter theologischen Gesichtspunkten. Seit der Aufklärung, so stellt Sölle fest, habe die religiöse

Sprache bestimmte Bedeutungen verloren, die an den Sitz im Leben, zum Beispiel an das Kirchenjahr, an christliche Sitten und Gebräuche wie häusliche Bibellesungen gebunden waren. Dafür habe sie aber andere Bedeutungen neu gewonnen, und zwar in der Literatur und Kunst. In der Tat weist Sölle nach, dass tradierte theologische Begriffe wie Sünde, Gnade, Sterben, Auferstehen, Rechtfertigung und Verheißung in literarischer Gestalt als erzählte Erfahrung lebendig werden. *Die Funktion religiöser Sprache in der Literatur besteht darin, weltlich zu realisieren, was die überlieferte religiöse Sprache verschlüsselt aussprach*, lautet die Hauptthese ihrer Untersuchung. Sölle zeigt dies an Schriftstellern, die keine „christliche Literatur" im engeren Sinn geschrieben haben – Georg Büchner, William Faulkner, Thomas Mann, Karl Philipp Moritz, Jean Paul und schließlich Alfred Döblin.

Es gehört nicht viel Phantasie dazu, sich vorzustellen, unter welchem persönlichen Druck Sölle stand, als sie die Arbeit geschrieben hat. Drei Kinder warteten im kleinen Reihenhaus in Köln-Braunsfeld darauf, dass ihre Mutter Zeit für sie fand, auch wenn sie gut versorgt waren, erst durch die beiden Großmütter, dann auch durch „Steff", wie sie ihren Stiefvater nannten. Martin, der älteste, war dreizehn, als seine Mutter wieder heiratete; den Druck, der auf seiner Mutter lastete, hat er kaum zu spüren bekommen, er hat die denkbar besten Erinnerungen an diese Zeit. Im November 1971 erhöhte sich die Belastung: Miriam wurde geboren, das gemeinsame Kind von Dorothee Sölle und Fulbert Steffensky. Und nicht zuletzt war Sölle durch das „Politische Nachtgebet" in ganz Deutschland und über die Grenzen hinaus bekannt geworden, und das bedeutete: Sie wurde zu zahlreichen Vorträgen eingeladen, schrieb Aufsätze für Zeitschriften und Zeitungen, Sendemanuskripte für den Rundfunk und Texte für Fernsehfilme – es war eine

Zeit unglaublich dichter Arbeitsbelastung. Geldsorgen drückten die Familie nicht, die Deutsche Forschungsgemeinschaft hatte Sölle mit einem Habilitandenstipendium unterstützt.

Im Dezember 1971 wird die Arbeit von der philosophischen Fakultät der Universität Köln als Habilitationsschrift angenommen, es kommt der Tag des abschließenden öffentlichen Vortrags und des Prüfungsgesprächs. Normalerweise eine Formsache, doch bei Sölle gerät die Formsache zum Eklat: Sie besteht die Prüfung nicht, was seit 1945 an der Kölner Universität nicht vorgekommen war. Warum? – darauf hat sie keine schlüssige Antwort. Ihre erste Vermutung: Es lag an ihrer radikalen politischen Haltung. Vermutlich schadete ihr auch, dass sie bewusst als Frau auftrat. *Ich betrat den Raum ohne besondere Aufregung, weil ich schon sehr viel Erfahrung mit öffentlichen Reden hatte. Ich wollte gerade sagen „Meine Damen und Herren", als mein Blick über die circa sechzig Versammelten ging. Ich sah, dass die zwei oder drei Frauen, die der Fakultät angehörten, an diesem Tag nicht da waren. Nach einem Augenblick des Zögerns sagte ich: „Meine Herren!". Ich spürte, dass alle wussten, was ich dachte.*

Später hat man ihr die Bemerkung eines beteiligten Professors hinterbracht: Sie habe die Unverschämtheit besessen, im November, also einen Monat zuvor, noch ein Kind zu bekommen. Die Bemerkung mochte *unverbürgter Klatsch sein, aber es lehrte mich einiges über Misogynie, Gebärneid und Angst des „starken" Geschlechts.*

Ein Vierteljahr später wiederholte Sölle die Prüfung erfolgreich. Dass fachliche Einwände nicht ausschlaggebend gewesen sein können, zeigte sich wenig später, als die Universität Mainz vor der Frage stand, ob Dorothee Sölle dort einen Lehrauftrag bekommen sollte.

Der „Fall Sölle" in Mainz

Eigentlich begann der Lehrauftrag für Dorothee Sölle-Steffensky in Mainz ganz unspektakulär. Im Sommersemester 1972 war ihr von der dortigen Theologischen Fakultät ein Lehrauftrag „Theologie und Grenzgebiete" erteilt worden. Wöchentlich sollte sie zwei Stunden über Theologie und Literatur lesen. Der Lehrauftrag wurde verlängert, doch zum Sommersemester 1973 wurde im entscheidenden Gremium der Antrag gestellt, ihn zu beenden. Die Begründung: Er sei „zu teuer". Studentenvertreter erhoben Widerspruch und sammelten Unterschriften für die Verlängerung. Der mühsam ausgehandelte Kompromiss lautete schließlich: Verlängerung des Lehrauftrags um ein Semester, aber ohne Bezahlung. Sölle widersprach nicht und bot auch im Wintersemester 1973/74 eine zweistündige Lehrveranstaltung an.

Zum Ende des Semesters, im Februar 1974, entbrannte im Fachbereichsausschuss der Fakultät erneut eine heftige Diskussion. Die bevorstehende Beendigung des Lehrauftrags hatte Studenten veranlasst, ein „Solidaritätskomitee Dorothee Sölle" zu gründen und eine Unterschriftenliste für eine Verlängerung kursieren zu lassen. Sölle war populär, ihre zweistündige Veranstaltung *Texte zum Problem des Leidens* zog die meisten Zuhörer unter den theologischen Lehrveranstaltungen an. So gerüstet zogen die studentischen Vertreter in den Fachbereichsausschuss. Dort aber stießen sie auf den entschlossenen Widerstand etlicher Professoren, an ihrer Spitze der Professor für Systematische Theologie Hermann Fischer. Er warf Sölle vor, sie sei wissenschaftlich nicht genügend qualifiziert. Als Beweis führte er an, sie habe in ihrem Buch *Stellvertretung* Nietzsche- und Hegelzitate in einen falschen Zusammenhang gebracht. Außerdem gebe es in ihrem Gottesbegriff Widersprüche.

Die Studenten und Teile der Presse, die sich der Vorgänge um Sölle annahmen, vermuteten, hier solle einer politisch unliebsamen Person der Mund verboten werden – ein unsinniger Vorwurf, wie der Dekan der Fakultät in einem Leserbrief an die „Frankfurter Rundschau" begründete. „Tatsächlich geben die theologischen Veröffentlichungen der als Germanistin habilitierten Frau Dr. Sölle-Steffensky auch zu wissenschaftlichen Bedenken Anlass, die in der Diskussion bisher nicht widerlegt worden sind." Diese „wissenschaftlichen Bedenken" schoben die Studenten als vorgeschützt beiseite, bestärkt durch den Brief des renommierten Tübinger Bibelwissenschaftlers Ernst Käsemann an die Fakultät, der Sölles Kompetenz ausdrücklich lobte und beteuerte, er wäre „erfreut und dankbar, wenn man in Mainz gerade hier nicht Parteipolitik ausschlaggebend sein ließe, nicht die umstrittene Sölle, sondern die große Begabung dieser Frau und die dadurch gegebene Bereicherung bedächte".

Der Protest fand seinen Erfolg: Der Lehrauftrag wurde schließlich doch verlängert, freilich ohne ausdrücklichen Bezug auf Dorothee Sölle-Steffensky. Ein Sprecher der Universität teilte lediglich mit, der Fachbereichsrat Theologie habe mit klarer Mehrheit beschlossen, die bereits bestehenden Lehraufträge für ein Semester zu verlängern, weil – so die offizielle Begründung – „der Ausschuss für Lehre und Studium bis dato noch keine Kriterien für die Vergabe von Lehraufträgen entwickelt habe".

Die außerplanmäßige Theologieprofessorin Luise Schottroff, um deren Beauftragung es drei Jahre zuvor ähnlich scharfe Auseinandersetzungen gegeben hatte, kommentierte den Fall: „Links und eine Frau - das muss bestraft werden." Eine Rolle mag der stille Vorbehalt gespielt haben, der damals kolportiert wurde: Sölles Theologie sei nichts anderes als ein verdeckter Atheismus, ihr politischer Radikalismus gehe Hand in Hand mit den Studentenunruhen der 68er-Bewegung. Sölle hat sich dagegen nie öffentlich zur Wehr gesetzt. Warum, darüber hat sie nicht gesprochen. Haben die Angriffe sie nicht verletzt, fühlte sie sich nicht missverstanden? Offenbar nicht. Im Gegenteil: Sie scheint eine gewisse Lust an der Provokation empfunden zu haben. Sie selbst fragt sich später, ob eine Universitätslaufbahn in Deutschland tatsächlich erstrebenswert gewesen wäre – und verneint. Gelegentlich kokettierte sie mit dem Hinweis, sie habe in Deutschland weder in der Kirche noch an der Universität eine Stelle gehabt. Glücklich geworden wäre sie vermutlich mit keiner der beiden beruflichen Wege. Irgendwann hat sie auch aufgehört, sich in Hotels als „Theologin" einzutragen – sie schrieb lieber „Schriftstellerin". Als tiefgehende Verletzung hat sie die Tatsache, dass sie nie einen Ruf auf einen Lehrstuhl in Deutschland erhalten hat, wohl nicht empfunden.

Die Hinreise – Begegnung mit der deutschen Mystik

1975, im Frühjahr. Fast sechs Wochen einsam in dem kleinen italienischen Ort Monterosso im Cinqueterre, nahe der Küste, ohne Kinder, ohne Mann, ohne Telefon und fast ohne Post – und keine Sprachkenntnisse über die für den Einkauf nötigen hinaus: *Ich warf Ballast ab, ich las die deutschen Mystiker, ich träumte intensiver als zuvor, die Einsamkeit war eine Befreiung.* In der Einsamkeit entsteht ein großer Teil der *Hinreise* – wie die meisten Bücher Sölles kein geschlossener Entwurf, sondern eher eine Sammlung von Gedanken, die unterschiedliche religiöse Erfahrungen reflektieren. Ihr Ausgangspunkt ist – wie oft in ihren Entwürfen – eine eigene Erfahrung: die Empfindung der *Angst vor der Religion*. Es geht ihr dabei nicht um die oft von Theologen zitierte „Ehrfurcht", sondern schlicht darum, einfache religiöse Vollzüge wie beten, miteinander wünschen, die Ängste teilen – eben das, was Religion im Alltag ausmacht, zu zeigen, offen darüber zu sprechen. Sie selbst sei tief erschrocken, als ihr jemand gesagt hatte: „Ich wusste gar nicht, dass sie so religiös sind!" Ähnlich erschrocken hätten Studentinnen in einem Seminar reagiert, als eine der Teilnehmerinnen erzählte, wie sie, um ihre Angst zu überwinden, mit einem Freund zusammen gebetet habe. *Ein Gebet, ein Song, zwecklose Gebärden wie das Anzünden einer Kerze, das Weitergeben von Brot, niederknien, sich umarmen – das sind Dinge, die sehr leicht, schon durch ein spöttisches Lächeln, zerstörbar sind und bei denen der Intellektuellere sein leichtes Spielchen hat. Religion, auch nur in geringem Maße praktiziert, zieht einem das Hemd aus.* Was steckt hinter diesen einfachen religiösen Vollzügen? Sölle ist überzeugt, es sei die urmenschliche Sehnsucht nach Ganzheit, sie beschreibt das religiöse Bedürfnis als das Bedürfnis, Sinn zu erfahren und zu stiften.

Es sind neue Töne, die Sölle in diesem Buch anschlägt. Sie wendet sich Meister Eckart und Heinrich Seuse zu, dem „Sich-Versenken" in Gott, der „Geburt Gottes in der Seele". Was sie besonders anzieht ist die Tatsache, dass die Mystik auf der höchsten Stufe der „Versenkung" davon spricht, dass die Seele nicht nur das Ich und die Welt, sondern auch Gott, den überkommenen offenbaren, Heil bringenden Gott „lassen" kann. Ein in der Tat kühner Gedanke, der freilich aus der mystischen Erfahrung des „Eins-Werdens" der Seele mit Gott erklärbar ist. Es geht nicht mehr um einen bestimmten Zweck, eine Blickrichtung der Seele etwa auf das versprochene Heil – denn Gott ist nicht mehr außerhalb der Seele. Diese Erfahrung aber lässt sich nicht in theologischen Begriffen aussprechen, darum verwenden die Mystiker in der Regel paradoxe Formulierungen, um deutlich zu machen, dass die Erfahrung der „Vergottung" der

Seele vom Verstand (und darum von der herkömmlichen Sprache) nicht erfasst werden kann. Sie sprechen vom „stillen Geschrei" und vom „glanzvollen Dunkel".

Aber, so fragt Sölle weiter, ist diese Versenkung nicht eine totale Abwendung von der „Welt" – also gerade das Gegenteil dessen, wofür sie mit ihrer „politischen Theologie" eintritt? Bedeutet die Zuwendung zu Gott nicht gleichzeitig immer eine Abwendung von der Welt?

Falsch, behauptet Sölle. Gerade dies sei nicht der Fall. Ihr Kronzeuge ist Heinrich Seuse. „Gott" und „Welt" seien in der Mystik nicht zeitlich oder räumlich getrennt verstandene Bereiche, sondern vielmehr Richtungen, an denen sich der Mensch orientiert. Die tiefe „Regression" (Sölle nimmt hier eine Vorstellung des Psychoanalytikers Sigmund Freud auf) verbindet sich bei den Mystikern stets mit einer „progressiven", das heißt auf den Nächsten gerichteten Aktivität, der Liebe. Freilich belegt Sölle diese Interpretation durch einen sprachlichen Kniff, indem sie in einem Brief des mittelalterlichen Gottesgelehrten das Wort „Gott" schlicht durch das Wort „Liebe" ersetzt. So kommt sie zum Schluss, dass Gott für die Mystiker einerseits die tiefste Regression bedeutet, andererseits aber gerade diese Regression nötig ist, um aktiv zu werden, Gott als *den Grund zur unendlichen Hingabe* zu erfahren, der uns *zur eigenen Identität verhilft*.

Man mag zweifeln, ob Dorothee Sölle hier Meister Eckart und Heinrich Seuse zu Recht als Kronzeugen für die „Rückreise" in die Welt in Anspruch nimmt. Nicht zweifeln allerdings kann man daran, dass Sölle hier ihre früheren Entwürfe deutlich verändert. Zum ersten Mal setzt sie sich deutlich von der marxistischen Ideologie ab. Marx habe mit seiner These, sobald der materielle Mangel, die Ausbeutung und Unterdrückung abgeschafft seien, würde auch die Religion verschwinden, nicht wirklich die Religion getroffen, sondern lediglich deren Zerrbild. Mehr noch: Sie verkürzt die menschliche Wirklichkeit, weil sie ihr die Fähigkeit zu träumen, sich auszudrücken und zu verwirklichen abspricht. Religion ist nicht „Opium des Volkes", sondern *der Versuch, keinen Nihilismus zu dulden und eine unendliche (im Sinn von: endlich nicht widerlegbare) Bejahung des Lebens zu leben.*

Es scheint, als hole Sölle in diesem Buch nach, was ihr bislang wenig Betonung zu brauchen schien: Das visionäre Element des christlichen Glaubens und zugleich das Gefühl der Heimat – eine Spannung, die das Christentum von Anfang an jedem Menschen zumutet, der ihm ernsthaft begegnet. Man spürt beim Lesen häufig die Sorge, es könnte über der Wertschätzung des „regressiven", des tröstenden Moments der Religion das progressive, zum Handeln auffordernde, eben das „politische" Element des Christentums zu kurz kommen. Dorothee Sölle zitiert den Philosophen Ernst Bloch und dessen Beschreibung von „Heimat" als Sehnsucht nach dem, „was jedem in die Kindheit scheint und worin noch niemand war". Zugleich beteuert sie, dass sich der Sinn des Ganzen nicht im Eingehen der Seele in Gott erfüllt, wie es eine einseitig verstandene Mystik meint, sondern der Sinn werde in die Interaktion gelegt: Gott ist Liebe – das ist die christliche Antwort auf die Frage nach dem Sinn. *Die Solidarität ist der menschlichste Ausdruck der Liebe.*

Sympathie für die Revolution

Kaum ist Dorothee Sölle 1978 von ihrem ersten längeren Aufenthalt in New York zurückgekehrt, provoziert sie die interessierte Öffentlichkeit mit einer Sammlung von Aufsätzen, mit der sie ihre Entwicklung der vergangenen zehn Jahre durchsichtiger und mitteilbarer machen möchte.

Schon allein der Titel des Buches wirkt wie ein Paukenschlag: *Sympathie*. Das Wort spielt auf „Sympathisanten" an, ein in den siebziger Jahren von konservativen Politikern häufig gebrauchtes Synonym für heimliche Parteigänger der „Rote Armee Fraktion" („RAF"). Der Begriff wurde zum Schlagwort, das vor allem Studenten und Intellektuelle – auch innerhalb der Kirchen – unter den Generalverdacht stellte, der Gewalt gegen Politiker und Wirtschaftsvertreter heimlich zuzustimmen, mit ihnen zu sympathisieren. In diesem Klima der Verdächtigungen betont Dorothee Sölle, Sympathie sei *eines der schönsten Wörter nicht nur des Griechen, sondern der ganzen Menschheit*. Sie plädiert für die Fähigkeit *mitzuempfinden und mitzuleiden* als Anfang einer Konversion, einer Bekehrung zu einem Glauben, der heißt: *ich verlobe mich mit der Revolution*.

Zwei Gründe führt sie an, die sie selbst zu dieser Bekehrung – an anderer Stelle nennt sie den Vorgang *Blindenheilung* – geführt haben. Der erste: Ihr Gewissen sei durch den Blick auf den Holocaust als lebenslänglicher Verantwortung gebildet worden. Der zweite: Der Krieg in Vietnam und die erbarmungslose Verwicklung des Westens in Folter und Vernichtung. Allerdings habe Vietnam zu keinem Zeitpunkt (anders als bei vielen Zeitgenossen) die Beziehung zum Christentum in Frage gestellt. Auch diesen Grund spitzt Sölle zu einem prägnant-provokativen Satz zu: *Dass Christus auf der Seite der napalmverbrannten Reisbauern stand, daran gab es für mich keinen Zweifel*. Ihr wurde immer deutlicher, *dass Wohlstand und angenehmes Leben, die auf der Ausplünderung anderer beruhen, nur eine Kultur produzieren, deren selbstzerstörerischen Tendenzen immer sichtbarer wurden*.

Bei dieser Ansammlung provozierender Sätze ist es kein Wunder, dass das Buch *Sympathie* Aufsehen erregte. Wer von den konservativen Journalisten das Buch überhaupt noch zur Hand nahm, für den war allein das Vorwort schon

Bestätigung genug, dass hier eine „Brandrednerin" am Werk war, der das Christentum lediglich noch dazu diente, linke Gewalt zu legitimieren oder wenigstens ein paar unentschlossene Christen dazu zu bringen, sich dem „linken Gedankengut" zu öffnen. Hatte Sölle nicht auch zustimmend einen uruguayischen Theologen zitiert, der behauptet hatte, das „Reich Gottes", von dem Jesus gesprochen hatte, meine dasselbe wie die „Revolution" heute?

Andererseits: Steckte nicht tatsächlich eine gute Portion „Verbalradikalismus", wie man das Vokabular damals gelegentlich ironisch nannte, in dieser Einleitung? Wer die Aufsätze des Buches liest, wird feststellen, dass die dort beschriebene „Revolution" nicht so radikal gemeint ist, wie es zunächst erscheint. Besondere Aufmerksamkeit allerdings bildet der Aufsatz *Gibt es einen schöpferischen Hass?* Ausgehend von der Situation eines Jugendlichen, der, aus dem Märkischen Viertel in Berlin stammend, wild um sich schlägt und *alles kaputt machen könnte*, geht Dorothee Sölle auf die gewaltsame Gefangenenbefreiung Andreas Baaders durch Ulrike Meinhof ein. Sie äußert Verständnis für die Motive ihres Hasses auf die Gesellschaft, bezeichnet aber dessen Charakteristikum als „blind", das heißt richtungslos. Und – das ist die zweite Bemerkung in Richtung RAF –: Man werde über Ulrike Meinhof zumindest sagen können, dass sie einen Verstand zu verlieren habe. Ganz im Sinne des Lessing-Zitats: „Wer über gewisse Dinge den Verstand nicht verliert, der hat keinen zu verlieren." Der Artikel löste offenen Widerspruch aus, Sölle schob im April 1972 eine erklärende Replik nach.

Die anderen Aufsätze in *Sympathie* sind Versuche, theologische Grundbegriffe wie Nächstenliebe, Gnade, Toleranz, Auferstehung und Gottes Gerechtigkeit neu zu verstehen. Besonders deutlich wird dies bei der Neubeschreibung des Begriffs Gnade. Zunächst bezieht sie sich auf Karl

Rahner und seine Definition, Gnade sei „eine Wirklichkeit, die so sehr in der innersten Mitte der menschlichen Existenz in Erkenntnis und Freiheit immer und überall im Modus der Annahme oder der Ablehnung so gegeben ist, dass der Mensch aus dieser transzendentalen Eigentümlichkeit seines Wesens überhaupt nicht heraustreten kann." Diese Totalität der Gnade interpretiert Dorothee Sölle nahezu dinglich als einen Raum, *in dem man wieder atmen, gehen, sich bewegen, lachen, weinen, handeln kann,* einen Freiraum, in den das Gesetz nicht hinlangt, in Familie, Schule, Arbeit, Bereiche, in denen die *Wiedervereinigung des Lebens mit sich selbst* wirklich wird. *Gnade bedeutet nicht die Annahme der unannehmbaren Verhältnisse, nicht den Fatalismus der Sachzwänge, die Unterwerfung unter das Funktionieren … Es ist gerade unsere Gewissheit, unendlich geliebt zu sein, die uns in den politischen Raum hinein treibt. Die Bewegung der Gnade geht aus dem Geheimnis, wie Rahner es nennt, durch unser Herz mitten in die Welt.* Da ist von „Revolution", mit der der Glaubende sich verloben soll, keine Rede mehr. Das sind eher mystische Töne.

„Es war ihre Gottesliebe, die ihr beides untrennbar werden ließ, Frömmigkeit und politisches Nachdenken und Handeln", mutmaßt Fulbert Steffensky. „Gott und Mensch waren in dieser mystischen Schau zwar nicht eins, aber sie waren nicht auseinander zu halten. Und so erkannte sie ihren Gott, zerstückelt in Arm und Reich, in Oben und Unten, in Beherrschte und Herrscher. Sie vermisste ihn, wenn sie das Augenlicht der Blinden und den Gesang der Stummen vermisste. In Gott leben hieß für sie, sich an der weitergehenden Schöpfung zu beteiligen. In Gott leben hieß, ihm helfen, seine Welt zu heilen."

Dorothee Sölle verstand Christentum nicht als „Ideologie" oder „Theorie" zu einer gesellschaftsverändernden Praxis. Ihre „Theorie" war ein Anschauen, ein Betrachten der Gottesliebe, die den Gläubigen in die Richtung weist, in der Gott den Menschen in seine Schöpfung gesetzt hat: zu bauen und zu bewahren, was Gott geschaffen hat.

Eine zweite Sprache

Immer wenn ich längere Zeit kein Gedicht geschrieben habe, fehlt mir etwas. Im Alter von fünfzehn Jahren, lange bevor sie theologische Gedanken formulierte, fing Dorothee Sölle mit dem Schreiben von Gedichten an. Bis zum Ende ihres Lebens waren Gedichte ihren wissenschaftlichen Arbeiten ebenbürtig. Je älter sie wurde, um so mehr Gewicht legte sie auf die Sprache der Poesie, ihre Vorträge unterbrach sie immer häufiger durch kleine Gedichtlesungen – zur Entspannung, dazu, den Anwesenden einen Freiraum des Aufatmens und Durchatmens zu geben. Ob denn die Gedichte eher „Abfallprodukte" neben ihren Sachthemen seien, fragte Wolfgang Fietkau, Mitherausgeber des „Almanach für Literatur", 1982. *Eher umgekehrt,* antwortete Sölle, *ich schreibe erst ein Gedicht, und dann denke ich: Ach, das müsste man vielleicht in Prosa noch mal Schritt für Schritt entwickeln. Der Kern ist eigentlich sehr stark im Gedicht, und die Auseinandersetzungen erfolgen mehr in der Prosa.* Mehrere Bände mit Gedichten sind veröffentlicht, in ihrer Lyrik macht sie vieles zum Thema – ein *Credo für die erde* neben einer *Reise für mehr frieden,* ein *Lob der freundschaft* neben der Liebeserklärung an die Revolution in Nicaragua, *Was du getan hast wird der engel mich fragen.* Die Schönheit der Schöpfung, der Protest gegen die Macht des Todes und zugleich die Einwilligung ins Sterben, Klage gegen die Kälte der Welt neben der Bitte an ihre drei Töchter, doch ihr Zimmer aufzuräumen – *da ist sehr viel Anrede. also an ein Du,* sagte sie im Gespräch mit Fietkau, *aber das ist in der Literatur ja oft so, dass einer an ein Du schreibt, und ganz andere Menschen, die gar nicht dieses Du sind, die werden es im Gedicht. Das ist ja ein Teil des poetischen Vorgangs, dass Menschen sich wiedererkennen.* In der Tat haben ihre Gedichte viele Menschen ebenso stark beeindruckt wie ihre theologischen Aufsätze und Schriften. Vielleicht, *weil Poesie eine grenzensprengende Freiheit herstellt, eine Art von ozeanischem Gefühl?*

Dieses *ozeanische Gefühl* schlägt für sie die Brücke zur Religion. *Theopoesie kommt der Sache mit Gott vielleicht näher als der Logos von Gott.* Kunst ist *kein eindeutiges Ergebnis, sondern ein individueller Gestaltungsakt und eine Vielfalt der Form, ein Prozess mit sich und der Welt.* Darum könne man Gedanken über Gott am besten in der Poesie ausdrücken. Die Alltagssprache tauge dazu nicht, man müsse über sie hinausgehen und sich auf die Suche nach einer neuen Sprache begeben. Auch Theologie, eher eine Kunst als Wissenschaft, müsse *sich selbst als einen Versuch verstehen, die Grenzen der Sprache des Alltags zu überwinden in Richtung auf Kunst hin – und nicht in Richtung auf Abstraktion, Rationalität und Wissenschaft hin.*

Aber ist es möglich, die Theologie ganz auf die Seite der Kunst zu ziehen, auf die wissenschaftliche Sprache zu verzichten und sich auf die poetische zu beschränken? *Beten und Dichten, Gebet und Gedicht sind keine Alternative,* meint Sölle. Die wissenschaftliche Sprache kann ihrer Meinung nach den Glauben nicht vollständig beschreiben – ebenso wenig wie die überkommenen religiösen Begrifflichkeiten, die die tradierte Theologie bereithält. *„Jesus Christus ist unser Erlöser": das ist zerstörte, tote Sprache. Das heißt überhaupt nichts, das versteht kein Mensch, es ist religiöses Geschwätz, es ist massenweise vorhanden, sagt aber nichts mehr.* Deshalb sei die Aufgabe, eine neue Sprache zu finden.

In vielen ihrer Gedichte habe sie *Mutmachgeschichten* zur Grundlage gemacht. *Ich möchte Geschichten, die ich höre, rahmen, möchte irgendwie sagen „Guck mal, da ist etwas Wichtiges geschehen". Aus der entsetzlichen Flut der Informationen will ich Geschichten herausnehmen und sagen, hier war etwas besonderes. Genau das tut ein Gedicht. Es hilft mit gegen das Vergessen, gegen das Weggeschwemmt-Werden. Ein Gedicht verteilt ein Stück Hoffnung. Das sind sozusagen kleine „Mutanfälle", Hoffnungsgeschichten.*

Die wissenschaftliche Sprache müsse ihr Gesicht wandeln. Bislang sei sie überwiegend abstrakt, und das heißt für Dorothee Sölle: männlich geprägt. Es muss aber einen besseren, von der menschlichen Erfahrung ausgehenden Zugang zur Theologie geben als den verkopften der institutionalisierten Universitätstheologie. Eine *andere Sprache* aber finden Theologen nur dann, wenn sie auf die hinter den theologischen Begriffen steckenden Inhalte neugierig sind – eine deutlich weibliche Herangehensweise. Eine *andere Sprache* fordern hieß für Sölle auch, für das Gefühl als wissenschaftliche Instanz zu plädieren. Die „männliche", die institutionalisierte Theologie habe in einem langen Prozess die weiblichen Anteile der Seele stark verleugnet und sich *in fertigen Sätzen, in Kondensaten aus Erfahrung* dargestellt. Eine andere Sprache stellt sich nur ein, wenn man die traditionelle wissenschaftliche Sprache ausweitet und um persönliche, unverwechselbare Erfahrungen bereichert. Zu den großen Stärken Dorothee Sölles gehörte es, beide Sprachen zu sprechen.

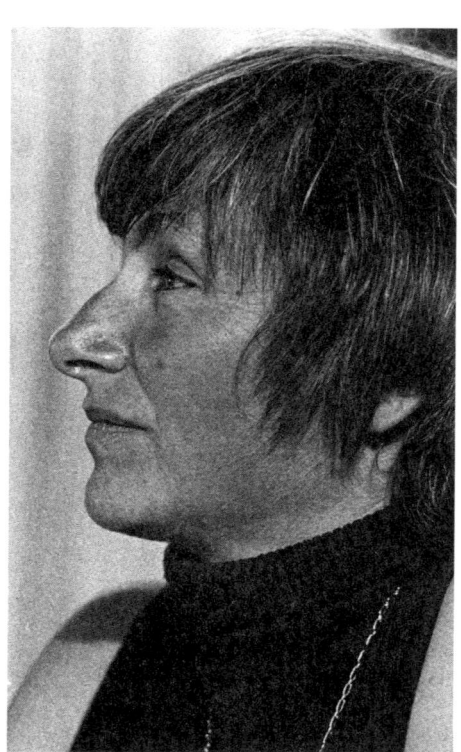

*Als Mitschöpfer
nehmen wir teil am
Guten der Schöpfung,
wenn wir Böses
ungeschehen machen.*
Dorothee Sölle

ACHTES KAPITEL

New York –
die Tür zur Ökumene

Wie sollte es nach dem Ende des Lehrauftrages in Mainz
weitergehen? Dorothee Sölle hoffte darauf, dass die Universität Bremen sie berufen würde, Religionspädagogik als
Fach wäre ideal gewesen. Ihr Mann Fulbert Steffensky
hatte 1974 einen Ruf an die Universität Hamburg bekommen, die Kombination hätte also sehr gut gepasst. Doch
Bremen rührte sich nicht, dafür kam überraschend eine
Berufung an das Union Theological Seminary in New

York. New York! Das würde bedeuten: Die ganze Familie in die USA umsiedeln oder – undenkbar – alleine dorthin? Sölle war damals im englischsprachigen Raum schon relativ bekannt, die „American Association of Religion" hatte sie bereits zu Vorträgen eingeladen. New York bedeutete eine einzigartige Chance. Dennoch kamen ihr Bedenken. Denn noch lieber als eine feste Stelle wäre ihr gewesen, einfach nur zu schreiben. Das hatte sie sich schon als junges Mädchen gewünscht. Diese Sehnsucht hatte sie schon ihrem Tagebuch anvertraut: *Schreiben! Schreiben! Schreiben!* Doch wie sollte sie darauf finanziell eine Existenz aufbauen?

Die Berufungskommission in New York ließ nicht locker und schickte den Präsidenten des Seminary, einen Dozenten und einen Studenten nach Hamburg um sie anzuwerben. Nur ein gemeinsames Mittagessen in der Stadt brauchten sie, um die Zusage Dorothee Sölles zu bekommen. Die familiäre Situation ließ den Auslandsaufenthalt zu: Die beiden ältesten Kinder waren aus dem Haus, mit den beiden kleineren würde man schon zurechtkommen. Eine Dauerlösung sollte die Professur in New York sowieso nicht werden. Doch es kam anders: Nach einem Jahr erhielt auch Fulbert Steffensky eine Gastprofessur in den USA. Also zog die Familie nach New York, wohnte in einem Haus des Union Seminary, der MacGiffert-Hall, einem alten, klosterähnlichen Gebäude. Im Sommer 1977 kehrten alle vier wieder nach Hamburg zurück. Dorothee Sölle blieb Professorin am Union Seminary, lebte und unterrichtete fortan jedoch nur drei Monate im Jahr in New York, jeweils im Frühjahr. Den Rest des Jahres war sie entweder in Hamburg oder auf Reisen, konnte Vorträge und Seminare halten, für Rundfunk und Fernsehen arbeiten – eine tragbare Lösung für die nächsten acht Jahre.

Eine Theologie der Erfahrung

Vor allem zwei Gründe machten Dorothee Sölle das akademische Leben am Union Seminary leicht und interessant. Der eine war die Art und Weise, in der dort theologische Diskussionen geführt wurden. Während ihre Vorträge in Deutschland regelmäßig heftige Diskussionen und eine angestrengte Suche nach Schwachpunkten auslösten, ging das US-amerikanische Publikum viel offener an ihre provozierenden Thesen und ungewohnten Gedankengänge heran. Ein zweiter Grund: Die New Yorker Studenten gingen bei theologischen Themen sehr oft von eigenen Erfahrungen aus, sie suchten einen empirischen Zugang zur Theologie. In den deutschen Diskussionen ging es dagegen oft darum, die persönliche Erfahrung zu einem bestimmten Thema aus der theologischen Tradition zu suchen und zu formulieren.

Auch war Dorothee Sölle angetan von der Solidarität, die sie in New York erlebte. Studenten versorgten sie mit Büchern und regelrechten Leselisten; Dozenten fragten sie, welche Erfahrungen sie auf ihren Weg gebracht hätten. Auch die Rolle, die die Religion im öffentlichen und privaten Leben spielt, erlebte Sölle als sehr besonders. *Ich konnte viel von den verschiedensten Religionen, Texten und Traditionen lernen. Eines der ersten Bücher, das mir in die Hände fiel, trug den Titel „Liberation Prayer Book"; es war ein Versuch neuer Formulierungen von Texten, der in Berkeley erschienen war. Da gab es lange Heiligenlitaneien, in denen Einstein, Teresa von Avila, Gandhi und andere gebeten wurden: „Steh uns bei!" Wenn man es negativ ausdrücken möchte, könnte man sagen: ein großer religiöser Supermarkt, in dem man alles kaufen kann. Aber das hielt ich für oberflächlich, denn es schien mir ein Versuch, mit dem Bewusstsein eines heutigen Menschen zu leben, für den Einstein ja manchmal wichtiger ist als Moses. Und das zu artikulieren in einer Sprache, welche die Fähigkeit zur Transzendenz offenhält.* In diesem positiven Synkretismus, der bunten Mischung von Ansichten und Erfahrungen, die alle gleich wert zu sein schienen, entdeckte sie Aspekte einer neuen Religiosität.

Auch von den Gottesdiensten in New York war sie fasziniert, erlebte die Liturgie viel *sinnlicher* als in Deutschland, ergreifender auch als die „Politischen Nachtgebete", die ja so stark von Analyse, Reflexion und Dokumentation geprägt waren und wenig Feierliches anzubieten hatten. In einem schwarzen Gottesdienst der Canaan Baptist Church in Harlem war sie so ergriffen, dass ihr die Tränen kamen. *Ich konnte mir eine weiße deutsche Gemeinde nicht vorstellen, die so viel Heimat, Gemeinschaft, Verantwortlichkeit ausdrückt. Als wären wir alle verkrüppelt.* Kaum ein Sonntag verging, an dem sie nicht in der Kirchenbank saß – oder im Chor sang.

Lehren und Lernen in New York

Viele, die am „Union" studierten, waren älter, hatten Erfahrungen im Vietnamkrieg und in der Bürgerrechtsbewegung hinter sich, hatten als Taxifahrer, Friseurin, Arbeiter in der Autoindustrie, Lehrer gearbeitet. Auch studierten viele Frauen, die nach einer Ehe versuchten, ein neues Leben aufzubauen. *Heilsam war die Erfahrung, oft am Punkt Null zu stehen, kaum etwas voraussetzen zu können. Die Studenten waren zu verschieden.* Hinzu kam, dass die Lernenden international gemischt waren, viele verschiedene Kulturen zusammentrafen. *Die Japaner, Australier, Schwarzen konfrontierten mich mit ihren völlig anderen Traditionen. Es wäre geradezu grotesk gewesen, ihnen so ohne weiteres mit Kant und Hegel zu kommen.* Was sie in den ersten Jahren am „Union" vor allem gelernt hat: Theologische Fragen zu *elementarisieren*, das heißt, auf konkrete Lebenssituationen zu beziehen.

Das „Union Seminary" stand durchaus im Ruch, eine „Schule der Aufsässigkeit" zu sein, freilich vor allem in den Augen der Evangelikalen. Allerdings, davon war Sölle überzeugt, wurden die Lernenden am Seminary tatsächlich radikalisiert. Und zwar in einem besonderen Sinn: Es ging vielen um eine Konversion, eine Bekehrung. *Konversion gilt als zentrales Thema amerikanischer Frömmigkeit, ein an einem bestimmten Datum festmachbarer Akt Gottes, die mich ergreift.* Diese Konversion wurde dort aber nicht in frömmelndem Sinn verstanden, sondern in Bezug auf das politische Bewusstwerden, als eine *theologisch-politische Bekehrung.*

Verstärkt wurde diese an persönlichen Erfahrungen orientierte Theologie durch die Begegnung mit zahlreichen kleinen Gruppen, die Dorothee Sölle in New York kennen lernte – von der Öffentlichkeit kaum beachtete offene Kreise, altersmäßig gemischt, viele hatten Erfahrungen mit der Wehrdienstverweigerung, mit der Bürgerrechts- und Friedensbewegung. Sie verstanden sich nicht ausdrücklich als „Widerstandsgruppen", aber sie führten ein zur bürgerlichen Lebensart alternatives Leben. Studenten, Sozialarbeiter, Angestellte mit halbem Job, Lehrende und Lernende. Die Gegenden, in denen Dorothee Sölle in New York und Boston derartige Gruppen traf, waren heruntergekommene Stadtviertel, überwiegend bewohnt von ethnischen Minderheiten, alten und sozial schwachen Menschen. In diesen Vierteln lebten und arbeiteten christliche Gruppen, sie versuchten, den Menschen zu helfen und ihre Interessen zu organisieren, Mieterstreiks zu beginnen, mit der Stadt zu verhandeln. Mitten im Elend lebten sie einen neuen Lebensstil. Religion spielte hier eine andere, wesentlich bedeutendere Rolle als in Deutschland. Die religiöse Offenheit für politische und gesellschaftliche Fragen erlebte Dorothee Sölle in den USA als ein schöpferisches Element für ihre eigene theologische Arbeit. *Es gibt eine enge*

Beziehung zwischen Glaube und Praxis, eine Wechselwirkung, resümiert sie ihre Erfahrung im Wintersemester 1987/88 als Gastprofessorin in Kassel.

Mit den Augen einer Frau

Galt Dorothee Sölle Ende der 1970er Jahre als Feministin? „Eigentlich nicht", meint Karen L. Blomquist, eine ihrer Lehrassistentinnen am „Union Seminary" und später Direktorin der Abteilung für Theologie und theologische Ausbildung beim Lutherischen Weltbund in Genf. Blomquist kam damals als junge Studentin nach New York. „Ende der siebziger Jahre zog die starke Betonung der Befreiungstheologie – einschließlich ihrer feministischen Komponente – viele von uns ans ‚Union'." Sölle war ihrer Ansicht nach damals „völlig eingenommen vom Kampf für Abrüstung und für die Dritte Welt – und eifrig bemüht, die Bewohner des globalen Nordens dazu zu bewegen, die Realitäten zu sehen und zu handeln. Feminismus war nicht ihr zentrales Thema." Ein differenziertes Bild der Frauenbewegung machte Dorothee Sölle sich erst, als sie nach New York kam. Sie begegnete einer Vielzahl von Frauengruppen, die auf unterschiedlichen Wegen versuchten, aus den durch die patriarchalen Strukturen festgelegten Rollenklischees auszubrechen. Sie erlebte einerseits Gruppen, die einen *weichen* oder *soft feminism* verfolgen, der „systemimmanent" die Lage der Frauen in einer sexistisch geprägten Gesellschaft zu verbessern sucht. Am anderen Ende der Skala formierten sich Gruppen, die eine andere Kultur und wirtschaftlich-politische Ordnung anstrebten. Diese harten, radikalen Gruppen konnten sich die Befreiung der Frau nicht als Eingliedern in eine Unterdrückungsgesellschaft vorstellen, nicht als „bloße Anteilhabe an den Rechten und Privilegien der Männer in dieser Gesellschaft". Dieser Weg schien Sölle von Anfang an nicht der rechte zu sein, denn er verlangt – wenn auch vielleicht vorübergehend – *eine Stufe der permanenten Separation: Weg von den Männern, den männlichen Institutionen, den von Männern beherrschten Banken, Buchläden, Restaurants und Schulen, weg von der Heterosexualität, die soviel Zwang und Unterwerfung für die Frau bedeutet.*

Ihre eigene Sicht begann sich erst langsam zu klären. Exemplarisch erzählte sie ein Erlebnis, das sie im November 1985 in New York hatte. Sie sollte in einem Frauenzentrum über „Leben und Sterben in Nicaragua" sprechen. Zwei Studenten, die zuhören wollten, wurden nicht eingelassen, weil das Frauenzentrum nur für Frauen da war. Sölle brach trotz ihres Ärgers die Veranstaltung nicht ab, sondern diskutierte mit den Anwesenden über den aufgetretenen Separatismus: *Was sollte aus der Frauenbewegung werden, wenn Frauen sich wie Rassisten verhalten?,* lautete ihre Ausgangsfrage. Ein paar Tage danach schrieb sie einen offenen Brief an das Frauenzentrum mit der Überschrift: *Das ist nicht mein Feminismus!* Die entscheidende Passage daraus lautet: *Für mich ist Feminismus ein menschheitliches Unternehmen und eine Notwendigkeit. Weder Frauen noch Männer können Menschen werden, ohne für ihre Befreiung zu kämpfen. Und genauso wie Frauen nicht von Geburt an in den Feminismus gehören und seine Werte ihnen nicht angeboren, sondern zu lernen sind – so sind auch Männer nicht von Natur aus ausgeschlossen. Wirklich, Gott braucht alle ihre Kinder, damit sie von Furcht und Hass frei werden können und wir endlich miteinander in einen herrschaftsfreien Raum hineinwachsen.*

Nie ging es Dorothee Sölle um die bloße Emanzipation. Emanzipation beschreibe ja nur, wovon Frauen weg wollen. Von Anfang an ging es ihr um eine andere Art von Leben, eine andere Art von Kultur. Diese „andere Art von Leben" hat theologische Implikationen, sie verändert notwendig die Sicht auf die christliche Tradition. Das gilt zuerst für das Gottesbild, dann aber auch für das Verstehen biblischer Traditionen, die sie zu einem beträchtlichen Teil als männlich bestimmt sah.

Zunächst grenzt sie sich von einem sexistisch bestimmten Gottesbild ab. *Gott muss unbedingt mehr als ein Mann sein, sonst ist er nicht Gott. Er ist auch mehr als eine Frau. Er hat den Mann und die Frau geschaffen, darum muss er beides in sich haben, das Männliche und das Weibliche. Sie muss stark sein und lieben können – ich sage das, weil ich von Gott „er" oder „sie" sagen kann.* Radikale Feministinnen begehen demnach denselben doppelten Denkfehler wie deren männliche Gegner. Sie reden einerseits in personalistischen Bildern von Gott, und sie erklären diese Bilder für absolut.

Die Bilder vom „allmächtigen Gott", von einem „Herrscher", einem „Richter" einem „Herrn, der alles so mächtig regieret" sind ausschließlich männliche Attribute. Ebenso irreführend aber ist es, stattdessen allein von einer „großen Mutter" zu reden. Zwar zitierte Sölle gelegentlich den feministischen Witz „Als Gott den Mann schuf, übte sie nur" – aber ihre Überzeugung ging in eine andere Richtung. Weg mit den personalistischen Bildern von Gott, hin zu einer Beziehung Gottes zum Menschen. „Am Anfang war die Beziehung", das war Sölles grundlegende Einsicht. Sie berief sich auf den jüdischen Religionsphilosophen Martin Buber und glaubte in dessen Gedanken über das Verhältnis zwischen Gott und Mensch als eines des „Sich-gegenseitig-Brauchen" die elementar weibliche Sicht Gottes formuliert. Es ging ihr darum, den *bedürftigen, auf die Liebe der Menschen angewiesenen Gott* zur Geltung kommen zu lassen, der Liebe ist und Beziehung will. *Wir brauchen Gott nur, wenn wir auch wissen, wie sehr Gott uns braucht.*

Wer so denkt, muss die biblische Tradition insgesamt aus einer anderen Perspektive verstehen. Dorothee Sölle klärte diesen Ansatz zunächst in zahlreichen Diskussionen mit prominenten amerikanischen Theologinnen wie Rosemary Ruether, Elisabeth Schüssler Fiorenza und Carter Heyward. Mit Heyward hat sie eine enge Freundschaft verbunden, sie besuchte deren Gottesdienste und Vorträge, diskutierte oft mit ihr. Das entscheidende theologische Stichwort, das ihr Heyward gab, war das der „mutuality", der Gegenseitigkeit. Jede wirkliche Beziehung beruht auf gegenseitigem Brauchen und Gebrauchtwerden. *Keine lebt allein, jede wird vom anderen getragen. Es ist ja nicht so, dass ich nur gebe, denn wenn ich wirklich gebe, dann nehme ich auch. Geben und Nehmen ist eigentlich ein Vollzug, für den wir merkwürdigerweise immer zwei Wörter brauchen.* Passte diese „Gegenseitigkeit" nicht zum „Angewiesensein" von Gott und Mensch aufeinander, das Buber formuliert hatte? Freilich nun in einer anderen, konkreten Perspektive.

Ihre Aufenthalte in Deutschland zwischen den Frühjahrszeiten in New York nutzte sie auch dazu, ihre Erfahrungen mit den in Deutschland arbeitenden feministischen Theologinnen zu diskutieren. Eine Dauerpartnerin blieb die Soziologin Maria Mies, mit der sie 1970 das „Politische Nachtgebet" über die Befreiung der Frau vorbereitet hatte.

Vor allem die Freundschaft mit Luise Schottroff, neutestamentliche Professorin an der Gesamthochschule in Kassel, hat sie in einer geschlechtergerechten Sicht der Theologie vorangebracht. Schottroff hatte in Mainz 1971 ähnliche Konflikte mit der theologischen Fakultät wie Sölle durchzustehen, die beiden freundeten sich an. Luise Schottroff war stark sensibilisiert für die weibliche Sicht auf Bibel und Tradition, sie lehrte Dorothee Sölle die genaue exegetische Sicht auf biblische Texte.

Luise Schottroff selbst schätzt ihren eigenen Anteil an der feministisch orientierten Blickrichtung Sölles als sehr bescheiden ein. Bekehrt worden zum geschlechtergerechten

Blick auf Bibel und Kirche sei sie doch in den USA. „Sie erkannte dort", meinte die Bischöfin von Lübeck, Bärbel Wartenberg-Potter nach Dorothee Sölles Tod, „dass das traditionelle, patriarchalisch geprägte Gottesbild ein Teil des Gender-Systems war, das männliche Macht über Frauen festschrieb. Sie hat sich bemüht, von Gott in der Sprache der Liebe und Gerechtigkeit zu sprechen."

Eine Mühe, die belohnt worden ist – jedenfalls in den Augen vieler Frauen und der Männer, die die Begrenztheit ihrer eigenen theologischen und anthropologischen Einsichten zugestehen. „Sie hat uns Frauen ein Licht aufgesteckt und den sanften Schein schwesterlicher Solidarität verbreitet", meint Bärbel Wartenberg-Potter. Sicher hat sie viele Frauen dazu bewegt, die Kirche nicht zu verlassen, sondern sich in ihr auf neue Weise zu behaupten – gegen die männliche Vorherrschaft. Was Sölle „mit den Augen einer Frau" als neuen Weg in der Theologie erkannte, hatte Folgen für ihren theologischen Gesamtentwurf.

Schöpfung und Arbeit

1983, wenige Monate vor ihrem Auftritt bei der Vollversammlung des Ökumenischen Rates der Kirchen in Vancouver, bündelt Dorothee Sölle ihre Erfahrungen mit der feministischen Bewegung und die Begegnungen mit feministischen Theologinnen zu einer eigenständigen Position. Hörbar macht sie diese Position zunächst am „Union Theological Seminary". Ihre Vorlesung über *Schöpfung, Arbeit und Sexualität* im Frühjahr 1983 löste unter den Studierenden hitzige Debatten aus. Aus ihren Notizen und Tonbandaufnahmen sowie dem Manuskript erarbeitete Sölle gemeinsam mit Shirley A. Cloyes aus New York ein englisches Manuskript, das 1984 unter dem Titel *To work and to love –*

a theology of creation erschien. Die feministische Theologin Elisabeth Schüssler Fiorenza hielt das Buch für einen feministischen Entwurf, denn es erfülle vollkommen den Anspruch, den eine feministische Sicht der christlichen Tradition erheben müsse. Erst 14 Jahre später, im Herbst 1998, erscheint eine deutsche Ausgabe unter dem Titel *Lieben und Arbeiten – Eine Theologie der Schöpfung*. In dem Buch wird deutlich, was Dorothee Sölles „befreiungstheologischen" Ansatz ausmacht. „Da taucht die Vision der heilen oder geheilten Welt auf, nicht als eine Ahnung vom ‚himmlischen Jerusalem' auf dieser Erde, sondern als dessen Realisierbarkeit im Hier", lobte die sonst eher Sölle-kritische Tageszeitung „Die Welt" das Buch.

Dorothee Sölle will die tradierten Bilder der Theologie aufbrechen – um das zu tun, beginnt man am besten am Anfang der Welt. Ihre Kritik beginnt bei der überlieferten und scheinbar unerschütterlichen Grundlage der biblischen Sicht von Welt, Mensch und Gott, bei der Schöpfung. Die abendländische Theologie, so wirft sie der Tradition vor, habe stets den Schöpfer strikt vom Geschöpf getrennt, um die Absolutheit Gottes hervorzuheben. Diese Trennung habe zwar einen wichtigen Vorteil: Sie mache deutlich, dass Gottes Größe und Herrlichkeit unanfechtbar sind und bleiben. Seine lebensschaffende Kraft zeige sich darin, dass er die Welt „aus dem Nichts" geschaffen hat. Aber, so fragt Sölle, muss man Gott so absichern, ihn aus der Welt ausgrenzen und abgrenzen von allem, was Menschen tun? Kann man nicht statt von einer *Schöpfung aus dem Nichts* zu sprechen von einer *Schöpfung aus Liebe* reden? Genauer gesagt davon, dass Gott die Welt geschaffen hat, um ein Gegenüber seiner Liebe zu finden? Sölle bezieht sich hier wiederum auf den jüdischen Religionsphilosophen Martin Buber und dessen programmatische Aussage „Am Anfang war die Beziehung". Gott ist nicht der große Uhrmacher, der das Räderwerk der Welt zu irgendeinem Zeitpunkt in Gang gesetzt und nun den Menschen überlassen hat – er hat die Schöpfung unabgeschlossen gelassen, er lässt sich auf den Menschen angewiesen sein, um sein Werk der Liebe weiter zu führen. Sölle treibt diese positive Sicht des Menschen auf die Spitze und formuliert: Der Mensch ist der *Mitschöpfer der Welt.* Der Angst davor, dies sei eine Überheblichkeit, hält sie entgegen: Könnte Gott tatsächlich aufgrund der menschlichen Entwicklung an Bedeutung verlieren? Schmälert die Schöpferkraft des Menschen die Macht der Gegenwart Gottes? Rhetorische Fragen, auf die es in den Augen Sölles nur eine Antwort geben kann: Wenn Gottes Wesen so bedroht sein sollte – wie wenig Vertrauen bringt dann ein Theologe auf, wenn er Gott so schützen muss!

Aber ist es nicht so, dass der Mensch viel zu schwach ist, Sünder eben von Geburt an, das Trachten seines Herzens böse von Jugend an, und ist die Welt nicht schlecht, geht es dem Christentum nicht gerade darum, die Welt zu überwinden oder zu verlassen, das Jammertal, das eigentlich gottlose Diesseits?

Nein – das wäre zu einfach, argumentiert Sölle. Die pessimistische Sicht des Menschen, als sei er unfähig zum Guten, sei eine falsche Folge der reformatorischen Einsicht, dass der Mensch zeit seines Lebens sündig sei. Diese Sicht mache den Menschen unbeweglich, die Reformatoren hätten das gewusst und sehr wohl zwischen der „Rechtfertigung" des Sünders vor Gott und der „Heiligung" unterschieden. Ja, der Mensch bleibt Sünder, aber er ist darum noch kein schlechter Mensch, den die Schuldgefühle unbeweglich machen und daran hindern, Gutes zu tun. Im Gegenteil: Gott befreit vom Druck, den Sünder zu verurteilen, darum wird der Mensch zum Mitwirkenden an der Schöpfung.

Dorothee Sölle beruft sich dabei auf die biblischen Propheten, vor allem auf Jesaja. Der Gottesmann zeige, was es heißt, Mitschöpfer zu werden und am Prozess der Schöpfung aktiv teil zu nehmen. Nämlich: „die Fesseln der Ungerechtigkeit zu sprengen", „jedes Joch zu zertrümmern". „Dann bricht das Licht hervor wie die Morgenröte; das Licht derer, die nicht aufsparen, sondern verschwenden für die Hungernden". Ein anderes Bild Jesajas ist das vom „bewässerten Garten": „Du wirst sein wie ein Wasserquell, der nie versiegt." *Als Mitschöpfer nehmen wir teil am Guten der Schöpfung, wenn wir Böses ungeschehen machen.*

Den Schwerpunkt setzt Dorothee Sölle auf einen neuen Entwurf einer *Theologie der Arbeit.* Fast zwei Drittel des Buches nutzt sie dazu, *die Mitarbeit des Menschen an der Vollendung der Schöpfung* zu beschreiben. Dabei gehen diese Kapitel vom *utopischen Potenzial des christlichen Glaubens* aus. Gibt es in der biblischen und christlichen Tradition produktive Vorstellungen und Bilder, die die menschliche Arbeit als eine sinnvolle beschreiben?, lautet ihre Ausgangsfrage. Es gibt sie, und zwar in einer dreifachen Richtung: Arbeit dient nicht zuerst der Produktion irgendwelcher Güter, sondern ist ein *Selbstausdruck des Menschen.* Arbeiten sei vor allem eine Art, Ebenbild Gottes zu werden – Arbeit ist Leben, ein Ausdruck dessen, was es bedeutet, ein schöpferisches Wesen zu sein.

Die zweite Richtung: Arbeit schafft einen sozialen Bezug. Das eigentliche Kriterium jeder Arbeit nach der biblischen Vorstellung ist die *Befähigung, zu lieben und Gerechtigkeit zu üben.* An die *gute Schöpfung glauben* heißt für Sölle: *glauben, dass wir dazu geschaffen sind, miteinander unser wahres menschliches Wesen durch gemeinsame Arbeit zu verwirklichen.* Die dritte Richtung der menschlichen Arbeit schließlich ist die *Versöhnung mit der Natur.* Diese Versöhnung – im Unterschied zur Ausbeutung der Natur – *ist eines der großen*

Menschheitsprojekte, die vor uns liegen … Menschliche Arbeit hat zum Ziel die Verwandlung der Welt in „etwas, worin noch niemand war: Heimat“, zitiert Sölle den Philosophen Ernst Bloch.

Fast scheint es, als komme neben der Arbeit an der Schöpfung der Genuss an der Schöpfung zu kurz. Vielleicht liegt es daran, dass Sölle ein ausgeprägtes Pflichtbewusstsein ausstrahlte. Sie selbst hat sich selten ein Aus gegönnt, hat ihr Leben und Auftreten immer als eine Verpflichtung gesehen. Einmal hat sie ihre Arbeit als die einer Missionarin bezeichnet, einer Frau, deren Aufgabe nie ganz erfüllt ist, sondern die ständig in der Pflicht steht.

Botschafterin der Stummen

Wann Dorothee Sölle die Bezeichnung „teología de liberación“ zum ersten Mal gehört hat, ist heute nicht mehr genau fest zu stellen. Sie selbst schreibt in ihren Erinnerungen, sie wisse noch genau den Tag, an dem ihr jemand davon erzählt habe und was sie damals empfand. Es sei wie eine Erlösung gewesen, den Namen für etwas genannt zu bekommen, wonach sie selbst schon lange gesucht habe – es war der Schlüssel für einen neuen Zugang zu Bibel und Theologie. Vermutlich war es Mitte der siebziger Jahre, kurz bevor sie ihre erste Reise nach Lateinamerika antrat. Den Begriff „Theologie der Befreiung“ hatte der peruanische Theologe Gustavo Gutiérrez in einer Rede im Jahr 1969 geprägt. Zwei Jahre später war sein Buch unter diesem Titel erschienen, 1973 in deutscher Übersetzung. Dorothee Sölle kannte dieses Buch, als sie zum ersten Mal nach Lateinamerika reiste. 1978 kam sie zum ersten Mal nach Chile, im September 1979 nach Argentinien. Wie eine Wallfahrt erlebte sie Nicaragua, als sie im August 1983 für knapp vier

Wochen gemeinsam mit den Journalisten Günter Wallraff und Heinz G. Schmidt auf Einladung der Regierung in Managua durch das Land reist. Sie besuchte die Inseln Solentiname, auf denen Ernesto Cardenal mit Frauen und Männern der Landbevölkerung gemeinsam die Bibel auslegte – die Gespräche waren unter dem Titel „Das Evangelium von Solentiname" auf deutsch erschienen. *Solentiname ist für mich so etwas wie ein heiliger Ort, wie Jerusalem oder Mekka. Ich werde die Erde küssen, denk ich, noch im Flugzeug, es muss doch irgendwo auf diesem Planeten ein Stück Land geben, zu dem ich sagen kann: „Hier. Jetzt. Zieh deine Schuhe aus. Der Ort, wo du stehst, ist heiliges Land."* Eine Art Gottesoffenbarung hat sich in ihren Augen an diesem Ort ereignet. Was sie beeindruckt hat? Die Begegnung mit den Armen, mit der Kirche des Volkes, die Unmittelbarkeit ihres Glaubens an das Kommen des Reiches Gottes. *In ganz Lateinamerika gibt es eine neue Verbindung von Frömmigkeit und politischem Bewusstsein, von Spiritualität und Revolution. Diese neue Reformation ist vielleicht das wichtigste Ereignis der Geschichte des Christentums im letzten Drittel des 20. Jahrhunderts, manifestiert in zwei Tatsachen: den Basisgemeinden und dem Martyrium.*

Als Dorothee Sölle ihren Bericht deutschen Zeitungen anbietet, wird sie zurückgewiesen. Die Geschichte war zu glücklich, erklärte sie sich selbst die Absage. Ihr Erstaunen war echt, so als könne sie nicht verstehen, dass allein der Name „Nicaragua" schon die Lager in Pro und Kontra teilte. Dabei musste ihr doch klar sein: Der Kalte Krieg stellte die Revolution von 1979 in Nicaragua auf die Seite des Ostens, der sozialistischen Länder, und damit gegen die USA, die die Konterrevolutionäre im Norden des Landes finanzierten. Der Sieg der Sandinisten und die Rolle der Armen in diesem Land interessierte das politische Deutschland nicht. Die Bundesrepublik hatte die Entwicklungshilfe für das Land eingefroren. Und waren es nicht nur Linke, die als Erntehelfer nach Nicaragua pilgerten? Für die Entwicklung einer „Befreiungstheologie" bei Sölle spielte allerdings die konkrete geschichtliche Entwicklung Nicaraguas nicht die erste Rolle. Ihr ging es um etwas anderes.

Die Begegnungen mit den Armen haben ihre Sicht auf die Bibel verändert, ihr gleichzeitig aber auch deutlich gemacht, dass ihr bis dahin vor allem auf Deutschland gerichtetes Engagement für den Frieden eine andere Dimension erreichen muss. *Wir hielten Frieden für das zentrale Thema, und dann haben uns die Menschen der Dritten Welt beigebracht, dass das falsch ist. Frieden kann nur wachsen auf einer anderen Gerechtigkeit. Also auf dieser Weltwirtschaftsordnung kann der Frieden nicht wachsen, das muss selbstverständlich zu Krieg führen. Diese Verelendung der Menschen führt zu Kriegen, deswegen müssen die drei Themen Gerechtigkeit, Frieden und Bewahrung der Schöpfung auch zusammen gehalten werden.*

Es geht ihr in der „Theologie der Befreiung" nicht nur darum, die reichen Industrieländer auf die Anklagebank zu setzen. Das auch, denn als Bewohnerin der „Ersten Welt" kann sie mindestens eines tun, um den Armen zu helfen: sich im eigenen Land für mehr Gerechtigkeit einsetzen. Sölle tat dies mit der ihr eigenen Schärfe, etwa indem sie formulierte: *Wir sind nicht Zuschauer, wir sind nicht Opfer, wir sind Täterinnen und Täter, die das Elend mit verursachen.* Befreiungstheologie bedeutet nicht allein Befreiung der Armen und Unterdrückten aus ihrer Zwangslage, sie gilt auch für die Menschen der Ersten Welt. Auch sie sollen auf ihre eigene Befreiung hin zu leben lernen: *Befreiung von der furchtbaren Rolle, Unschuldige ins Elend zu stürzen, Kinder durch unsere Finanzpolitik zum Tode zu verurteilen und die Hoffnung der Armen durch Polizeiregime, Militärdiktaturen und offenen Krieg zu unterdrücken.*

1986 reiste sie fünf Wochen lang durch Mittelamerika. Ihre Begleiterin, die junge Theologin Annabelle Pithan, hatte ihr lange vorher Unterricht in Spanisch erteilt, zweimal in der Woche mehrere Stunden. Mit großer Genauigkeit habe Sölle ihre Aufgaben ernst genommen – sie war eben nicht einfach eine „Revolutionstouristin", auch nicht eine Frau, die sich im Glanz neuer politischer oder sozialer Bewegungen sonnen wollte. In ihren Vorträgen und Seminaren, in denen sie über die Ethik Bonhoeffers sprach oder über Theologie und Politik, warnte sie stets vor der Politik der Industrieländer und bezeichnete sich als *Frau der Ersten Welt, wo Geld und Bomben regieren.*

Von April bis Juni 1991 bereist sie auf Einladung des Goethe-Instituts sieben Länder Lateinamerikas, unter anderem Chile, Mexico, Peru und Bolivien, und unterrichtet einen Monat lang an der Theologischen Hochschule Sao Leopoldo in Brasilien. Als sie von dieser mehrmonatigen Reise zurückkommt, stellt sie ihren Berichten über die zahlreichen Begegnungen mit Frauen und Männern aus den Basisgemeinden die Erkenntnis voran: *Manchmal denke ich, dass die wichtigste Aufgabe aller anteilnehmenden Beobachter, meine Aufgabe als Christin, die „von den Armen zu lernen" nach Lateinamerika gekommen ist, darin besteht, Hoffnungsgeschichten zu sammeln, das Brot des Lebens zu finden, auch wenn es nur so klein und unscheinbar wie Krümel auf der Straße liegt.*

Was Sölle als ihren *befreiungstheologischen Ansatz für die europäische Theologie* versteht, lässt sich am deutlichsten wohl so formulieren: Nicht nur die Hoffnung auf eine bessere Zukunft neu zu lernen, den „Exodus" aus den bürgerlichen Verkrustungen zu wagen, sondern auch wahrzunehmen, dass die „Letzten" der Gesellschaft in Lateinamerika die Fähigkeit haben, die Bibel weiterzuschreiben. Diese neue Sicht der Bibel muss die westliche Kirche ernst nehmen, weil darin deutlich wird, dass die Praxis des christlichen Lebens immer den Vorrang vor der Lehre haben muss, das „rechte Handeln" stets vor dem „rechten Glau-

94

ben" rangieren muss, wenn die Kirche Christus ernsthaft nachfolgen will.

Es gibt einen zweiten Aspekt, der Sölle im Blick auf ihre „Befreiungstheologie" auszeichnet: Die Tatsache, dass sie als eine der wenigen Theologie treibenden Deutschen bereitwillig bei der weltweiten ökumenischen Christenheit in die Lehre gegangen ist. Die Lübecker Bischöfin Bärbel Wartenberg-Potter resümiert in einer Sammlung von Texten Sölles: „Dass die deutsche Theologie etwas von anderen lernen kann, nicht so sehr die Kunst brillanter Gedanken, sondern den einfachen Lebensmut, die Freude in Christus und die Leidensbereitschaft, das hat sie wortwörtlich mit Haut und mit Haaren gelernt. Nur so ist sie zur deutschen Theologin geworden, deren Name nach Auschwitz im weltweiten ökumenischen Gespräch akzeptiert und anerkannt wurde."

Demonstrationen
für den Frieden –
so militant, so
gewaltfrei, so illegal
wie Jesus und
seine Freunde.
Dorothee Sölle

NEUNTES KAPITEL

Kirchentag und Friedensbewegung

Am 9. Juni 2001 erschien in der Tageszeitung „taz" ein erstaunlicher Artikel. Gezeichnet war er von Dorothee Sölle und Fulbert Steffensky, im Untertitel stand: *Eine Liebeserklärung an die Volkskirche.* Die Adresse der Liebeserklärung war allerdings nicht die deutsche Volkskirche im allgemeinen, sondern die *lieblichen und rotzigen Töchter der alten Dame Kirche,* die Kirchentage. Die Gründe für die aufkeimende Liebe: Die Kirchentage seien seit den achtziger Jahren immer stärker *Schmelztiegel des Streitens* geworden, zugleich politischer und frömmer geworden, offener und konfliktträchtiger, ökumenischer und spiritueller. In der Tat scheint es im Rückblick so, als seien die Deutschen Evangelischen Kirchentage für Dorothee Sölle der kirchliche Ort in Deutschland gewesen zu sein, an dem sie sich am ehesten zu Hause fühlen konnte. „Der Kirchentag gehörte zu ihrem Leben, sie gehörte zum Kirchentag", sagte der Ratsvorsitzende der Evangelischen Kirche in Deutschland, der Berliner Bischof Wolfgang Huber, auf dem Ökumenischen Kirchentag in Berlin 2003 in einer Bibelarbeit, die er Dorothee Sölle widmete. Seit 1965 habe sie die Kirchentage immer wieder zu Zeitansagen gemacht.

Ein geschönter Rückblick, wie sich bei genauem Hinsehen zeigt. In Wahrheit war Sölles Weg mit dem Kirchentag ein Weg mit Stolpersteinen.

Er begann 1965, der Kirchentag sollte in Köln stattfinden. Doch noch ehe er eröffnet wurde, gab es einen kleinen Aufruhr – zum ersten Mal in der Nachkriegsgeschichte der Kirchentage. Auslöser war das Vorbereitungsheft gewesen, das in einer hohen Auflage an viele Gemeinden verschickt worden war, um zur Mitarbeit am Kirchentag anzuregen, getreu dem Motto: „In der Freiheit bestehen". Die Studienrätin Dorothee Sölle, vorgestellt als „aus dem Kreis der Reformer" kommend, hatte unter der Überschrift *Kirche außerhalb der Kirche* die *anonyme Christlichkeit* gegen die verkirchlichte Kirche gestellt. Einer der Spitzensätze lautete: *Die Kirchen, so scheint es, haben mehr Vergangenheit als Zukunft, mehr Steuergelder als Ideen, mehr Beerdigungen und Taufen als Glauben und christliches Leben.* Bei der Kirchentagsleitung in Fulda hagelte es Proteste; Synoden und Pfarrer weigerten sich, für den Kirchentag zu werben und die Hefte in ihren Gemeinden zu verteilen. Der Rat der EKD, das höchste protestantische Gremium, ließ sich nur schwer besänftigen. Was Sölle nicht hinderte, in einer vollbesetzten Messehalle mit der gleichen radikalen Offenheit auszurufen: *Wie man*

nach Auschwitz den Gott loben soll, der alles so herrlich regieret,
das weiß ich nicht. Wirklich, ich lebe in finsteren Zeiten. Ich wäre
gern auch fromm. Der Vortrag auf dem Kirchentag wurde
rasch publik, eine Provokation, die die westfälischen Mitglieder des konservativen „Bethel-Kreises" dazu veranlasste,
die „Bekenntnisbewegung ‚Kein anderes Evangelium'" zu
gründen – fortan die konservative Opposition der Evangelikalen in der protestantischen Kirche und damals entschie-
dene Gegnerin des Unternehmens Kirchentag.

So protestierte die „Bekenntnisbewegung" auch im
Sommer 1969 im Vorfeld des Stuttgarter Kirchentages bei
der einladenden württembergischen Landeskirche entschieden gegen das Auftreten Dorothee Sölles. Das Kirchen-
tagspräsidium, damals unter der Leitung des späteren Bun-
despräsidenten Richard von Weizsäcker, lenkte jedoch
nicht ein.

1973 in Düsseldorf, auf dem kleinsten Kirchentag in seiner Nachkriegsgeschichte, diskutierte Dorothee Sölle heftig
mit dem damals wohl prominentesten deutschen Theologen, dem Hamburger Professor Helmut Thielicke. Ein be-
eindruckendes Bild: auf der einen Seite der braungebrann-
te, jovial wirkende und weltmännisch auftretende Professor,
auf der anderen die kleine, schmale Dozentin, Lehrbeauf-
tragte in Mainz. Ihr gemeinsames Thema: „Tod und
Zukunftsgestaltung". Er, ein glänzender Redner, konziliant
und erfolgsverwöhnt, sie provozierend und engagiert,
spricht über den alltäglichen *Tod am Brot allein.* Sie geißelt
die Konsumorientierung in der Bundesrepublik, als deren
Symbol sie das „Brot" sieht, ruft in die vollbesetzte Messehalle: *Die Welt ist ein Supermarkt und eine Fabrik, vom Brot*
allein und fürs Brot allein, daran sterben wir den täglichen,
schrecklichen Tod. Es ist dieser Tod, von dem die Bibel spricht, sie
nennt ihn: der Sünde Sold oder der letzte Feind. Gegen diesen Tod
hat Jesus Widerstand organisiert. Das Publikum war geteilt,

viele junge Besucher begeistert von Sölles Protest gegen Wohlstand und Konsum, viele ältere befremdet von der Härte und Konsequenz ihrer Forderung nach einem widerständigen Christentum.

Als Sölle 1979 wieder vom Kirchentag nach Nürnberg eingeladen werden soll, protestiert die gastgebende bayrische Landeskirche – vergeblich. Das Präsidium hält an der Einladung fest – noch.

Dann folgt der Kirchentag in Hamburg 1981. Zum ersten Mal artikuliert sich die deutsche Friedensbewegung deutlich auf einem Kirchentag – eine ihrer wichtigen Repräsentantinnen: Dorothee Sölle. Der so genannte NATO-Doppelbeschluss vom 12. Dezember 1979 hatte viele Menschen, vor allem Christen, in die Opposition zur westlichen Rüstungspolitik, der „Nachrüstung" mit neuen Raketen, gebracht. *An diesem Tag setzte ich mir eine innere Verpflichtung: Ich wollte den Rest meines Lebens für den Frieden geben, wobei die Gerechtigkeit für die Dritte Welt als Grundlage dazugehört.* Diese Selbstverpflichtung hat sie in den folgenden Jahren konsequent erfüllt. *Die Bomben fallen jetzt,* begann Sölle ihren Vortrag auf dem Kirchentag in Hamburg, und fuhr fort: *Die Aufrüstung ist nicht die Vorbereitung auf einen militärischen Konflikt in der Zukunft, sondern sie ist der Krieg, den der Norden gegen den Süden führt. Die Bomben, die wir hier produzieren, fallen jetzt. Auf die Armen!* Vielen der 80 000 Kirchentagsbesuchern hat Sölle damit aus dem Herzen gesprochen. Dann aber wendet sich das Blatt. Aus dem umstrittenen Auftritt in Vancouver zog auch der Kirchentag seine Konsequenz. 1985 stand Sölle gezielt nicht mehr auf der Einladungsliste für den Düsseldorfer Kirchentag. Vermutlich hatte die Ankündigung des damaligen Ratsvorsitzenden Eduard Lohse, das Auftreten Sölles auf kirchlichen Veranstaltungen würde Konsequenzen haben, auch im Kirchentagsbüro in Fulda Wirkung gezeigt.

Sölle trat dennoch auf, wenn auch auf Umwegen. Ihre Freundin Luise Schottroff hatte dafür gesorgt. Schottroff war um eine Bibelarbeit gebeten worden und hatte als ihre Partnerin Dorothee Sölle benannt – eine Einladung, die nicht durch das Präsidium genehmigt werden musste. Auch zum Treffen in Frankfurt 1987 lud der Kirchentag Sölle offiziell nicht ein – wieder benannte Luise Schottroff sie als ihre Wunschpartnerin für die Bibelarbeit. Erst 1989 zum Kirchentag in Stuttgart wurde Schottroff dann eingeräumt, sie könne gern mit Sölle zusammen ihre Bibelarbeiten auf dem Kirchentag anbieten, wenn dies den Wünschen der beiden entspreche. Der außerordentliche Publikumserfolg bei den vergangenen Kirchentagen war vermutlich ausschlaggebend für diese Entscheidung.

Ohnmächtig für den Frieden

Der Hamburger Kirchentag 1981 war wohl der erste, der deutlich politischer war als alle vorhergehenden. Zum ersten Mal auch demonstrierten viele zehntausend Kirchentagsteilnehmer, vor allem junge Menschen, gegen die Nachrüstung und für den Frieden. Eine Genugtuung für Dorothee Sölle, sie hatte zum ersten Mal das Gefühl, dass der Widerstand wächst – auch und gerade in der Kirche. Endlich schien die Friedensbewegung nicht mehr nur die Sache weniger, vor allem älterer Frauen. Sie sah in der Demonstration geradezu biblische Dimensionen, sie sei *so militant, so gewaltfrei und so illegal wie Jesus und seine Freunde* gewesen. Wenige Monate später, im Oktober, kamen rund 300 000 Demonstranten nach Bonn, eine der Hauptrednerinnen war Dorothee Sölle. Sie machte Schlagzeilen, Journalisten nannten sie eine Symbolfigur der Friedensbewegung. „Fanale" habe sie gesetzt, und sie ließ nicht locker, prägte neue kämpferische Parolen für die Friedensbewegung: *Wer sich nicht wehrt, lebt verkehrt*, als es nach 1979 um die Nachrüstungsdebatte ging; *Rüstung tötet auch ohne Krieg* – griffige Formulierungen, die sich rasch verbreiteten. Sie war, wie die „Süddeutsche Zeitung" zu ihrem siebzigsten Geburtstag schrieb, als Prominente tatsächlich das „Aushängeschild der Friedensbewegung". Sie rief zu gewaltfreien illegalen Aktionen auf, protestierte gemeinsam mit anderen Prominenten wie den Schriftstellern Heinrich Böll und Walter Jens und dem Theologen Helmut Gollwitzer mit Sitzblockaden gegen die US-Raketenbasen im schwäbischen Mutlangen 1982 und gegen die Giftgaslager im pfälzischen Waldfischbach, wurde deshalb wegen Nötigung zu einer Geldstrafe von 2 000 D-Mark verurteilt.

Verhaftung und Kriminalisierung, Prozesse und Verurteilungen seien für sie wichtige Erlebnisse gewesen, schreibt sie in ihren Erinnerungen. Freilich: Was für einen guten Teil der 68er-Generation wie eine Art Ritterschlag war, wenn die Ordnungsmacht Staat empfindlich reagierte – dieser Art war das Engagement Sölles nie. Ihr Motiv war nicht politisch oder gesellschaftlich begründet, es kam vielmehr aus einer christlichen Grundentscheidung für Gewaltfreiheit. Vermutlich war das der Grund, warum sie keine Berührungsängste mit anders motivierten Friedensfreunden hatte: Hauptsache für den Frieden … Natürlich sollte in ihren Augen der Westen einseitig abrüsten, daran ließ sie keinen Zweifel. Kritik am SED-Regime in der DDR? Sie riskierte eher, als „Kommunistin" beschimpft zu werden als sich von dieser Position der einseitigen Abrüstung des Westens zu entfernen. Der Ost-West-Konflikt, insbesondere der Mauerstaat, war für sie wie für viele andere Linke ein Tabu. Warum hat Dorothee Sölle, so fragte nach der Wende der Wittenberger Theologe Friedrich Schorlemmer, sich nicht offen gegen dieses System ausgesprochen – sie wurde doch

ohnehin nicht gedruckt und nicht zugelassen in diesem
Land?! Seine Antwort: Wegen des westlich-ideologischen
Antikommunismus hat sie an der DDR keine Kritik geübt.
Ihr war Nicaragua näher als die DDR, der visionäre Sozia-
lismus dort sympathischer als dessen real existierender Miss-
brauch im Mauerstaat. Sie war nicht an der politischen
Machbarkeit eines Ost-West-Friedens interessiert, ihr ging
es um die Vision eines Weltfriedens.

Pazifismus oder nicht?

Nein, eine radikale Pazifistin bin ich nicht! Dazu sei sie viel zu
sehr von der deutschen Geschichte geprägt, erklärte Dorothee Sölle 1998. Schließlich sähe Deutschland anders aus,
wäre das Hitler-Regime nicht von Nicht-Pazifisten wegge-
fegt worden. Insofern halte sie es für möglich, dass in bestimmten Situationen die Anwendung von Gewalt notwendig sei.
Doch so klar die Absage an den Pazifismus klingt –
Dorothee Sölle kann sie nicht konsequent durchhalten. Im
gleichen Atemzug nimmt sie Partei für den Pazifismus. Sie
erklärt, es sei vollkommen falsch zu behaupten, im Bal-
kankrieg habe der Pazifismus versagt. Man habe nur nicht
alle Möglichkeiten einer friedlichen Lösung ausgelotet.
Ganz entschieden wendet sie sich auch gegen jene Theologen, die sich für eine „Sicherung des Friedens" einsetzten
und erklärten, eine einseitige Abrüstung des Westens sei
friedensgefährdend. Ein fauler Kompromiss, der die christlichen Grundsätze verletze, findet sie. Und als sie in Nicaragua erlebt, dass die sozialistischen Erneuerer des Landes
nach der Diktatur von Somoza die Gesellschaft weiter mili-
tarisieren, hat sie schwer daran zu schlucken.

Die grundsätzliche Verpflichtung für den Frieden als Vision einerseits, andererseits die Tatsache, dass der reiche Westen schon lange einen Wirtschaftskrieg gegen die Armen und Ärmsten führt und darum kein Frieden herrscht, sondern dass *Krieg doch schon ist*, gegen den man als Christ protestieren muss: In dieser Ambivalenz bewegt sich für sie das christliche Leben. *Es ist der Versuch, dem Kaiser nur das zu geben, was des Kaisers ist, nicht aber das, was Gott gehört, das Leben selber.* Ein Versuch, der immer wieder scheitert und immer wieder unternommen werden muss. Auch als die Friedensbewegung der 1980er Jahre abebbt, sieht sie diese Bewegung nicht als vergangen an. Sie sei nur von den Menschen verlassen worden, die aus dem Gefühl eigener Bedrohtheit teilgenommen hätten. Ende der 1990er Jahre erkennt sie immer klarer die enge Verflechtung von Frieden und Gerechtigkeit. Als der Anschlag auf das World Trade Center in New York die Welt erschüttert, protestiert sie gegen die Ankündigung des amerikanischen Präsidenten George W. Bush, er werde gegen den Terror mit allen Mitteln kämpfen: *Gerechtigkeit ist die Antwort auf den Terror, die wir brauchen. Gerechtigkeit ist langsam, nachdenklich, geduldig und langfristig.* In der Hamburger Universität stellt sie am 3. Oktober 2001 die Situation als die eines selbsterrichteten Gefängnisses dar: *Wir leben in einem Kreislauf der Gewalt, und wir sind in ihm gefangen. Unser Gefängnis ist sicher das besttapezierte der Weltgeschichte, aber gefangen sind wir doch im Kreislauf der Gewalt, die Gegengewalt erzeugt.* Es gebe nur einen Ausweg aus diesem Kreislauf: *Wir brauchen eine andere wirtschaftliche Globalisierung von unten.*

Das grundsätzliche Engagement für Frieden und Gerechtigkeit hat ihr den Blick für politische Lösungen und politische Bündnisse der Friedensbewegung mitunter getrübt. Politische Lösungen hat sie nie erwogen, warum auch – sie war ja keine Politikerin, sondern eine Christin, die versuchte, die Friedensbotschaft Jesu weiter zu geben. Und die Bündnisse? Wenn Sozialisten mitgehen, kann man deren Spott über die Religion schon ertragen! Einäugigkeit gegenüber dem sozialistischen Zwangssystem DDR: Diesen Vorwurf hat sie sich immer wieder eingehandelt. Ja, sie hat für einseitige Abrüstung des Westens plädiert, aber das DDR-Regime damit nicht entschuldigt. Die Kirchen der Reformation hätten, so sagte sie 1989 nach dem Fall der Mauer, zum ersten Mal seit 400 Jahren auf der richtigen Seite gestanden, der des Volkes. Selbst zweifelhafte Partner bei den Protesten gegen den beginnenden Irakkrieg hat sie in Kauf genommen, weil ihr der Kampf für den Frieden wichtiger war als ein fleckenfreies Renommee. Man mag ihr politische Blindheit vorwerfen, ihr bescheinigen, sie habe ein „vorreformatorisches Politikverständnis", wie es die Tageszeitung „Die Welt" tat, ihre Haltung sei zu konstruktivem politischen Handeln unfähig. Für sie blieb eine unverrückbare Wahrheit: *Kirche und Staat sind vielleicht trennbar, doch der Geist des Glaubens und der Politik nicht.*

Den Widerspruch, der dieser Haltung entspringen muss, hat Dorothee Sölle ausgehalten. Sie hat ihn nicht aufgelöst – weder zur Seite der Vision einer zukünftigen Gerechtigkeit (das hätte sie zur Träumerin gemacht), noch zur Seite der kleinen Schritte, die die Ungerechtigkeit nur geringfügig lindern, aber das Übel nicht an der Wurzel packen können (das hätte Kompromisse von ihr gefordert, die sie zur Selbstverleugnung gezwungen hätten).

Vielleicht eignen sich Menschen ohne Widersprüche eher dazu, zum Vorbild zu werden.

Das mystische Auge
erkennt in den befreienden
Bewegungen Gott am Werk:
sehend, hörend, handelnd.
Dorothee Sölle

ZEHNTES KAPITEL

Mystik und Glück

Altwerden heißt zur Zeit für mich, dass meine Ungeduld mit mir
selber wächst. Ich hoffe, dass ich noch lernen kann, damit umzu-
gehen, ohne mich ganz in dieses Sichkrank-Fühlen, Sichschwach-
Fühlen zu verlieren. Sechsundsechzig Jahre alt ist Dorothee
Sölle, als sie diese Angst niederschreibt. Krankheit hat sie
selten niedergeworfen, sie war immer aktiv, selbst bei dro-
henden Grippeerkrankungen zu Tagungen und Seminaren
gefahren und dort aufgetreten, hat sich ein Leben lang
zusammengenommen. *Wenn ich nicht springen kann, werde*
ich ungeduldig mit mir selber, weil ich an sich rasch bin und eine

gewisse Liebe zu allem, was flink ist, habe: die Bäche im Gebirge, die seilspringenden kleinen Mädchen.

Um so tiefer traf es sie, als sie 1994 eine Erkältung verschleppte und wegen „multiplen Organversagens" ins Krankenhaus musste. 14 Tage Intensivstation – als ihre Freundin Luise Schottroff sie kurz nach der Einlieferung besuchen wollte, hat sie die Geste nicht einmal wahrgenommen.

Die Krankheit bedeutete einen tiefen Einschnitt in ihr Leben. Die Angst vor dem unausweichlichen Selbstverlust hatte sie sogar den Freitod erwägen lassen, das störe ihre religiöse Überzeugung nicht. Und das Leben künstlich erhalten durch technologische Medizin? Nein, das wollte sie nicht – und verdankte der fortgeschrittenen Medizin doch ihr Leben. Dann gab es da auch noch den Entschluss, endlich das Projekt zu beenden, das sie seit langem vor sich herschob: ein Buch über die Mystik. *Mystik und Widerstand ist mein großes Werk – Ich dachte hinterher: Jetzt hat dich der liebe Gott übrig gelassen, jetzt muss ich endlich das Mystikbuch fertig schreiben, mit dem ich mich schon jahrelang beschäftige,* sagt sie damals einer Journalistin.

Wir sind alle Mystiker – tatsächlich?

Warum ausgerechnet Mystik als Thema? Die Zeitmode war es jedenfalls nicht, die sie dazu bewegt hat. In den 90er Jahren haben viele kirchliche und christliche Kreise die Mystik wiederentdeckt, sie wirkte anziehend und wurde als eine Art „Gegenmission" zum Mystikboom der antikirchlichen New-Age-Bewegung verstanden.

Sölle war der Mystik als einer theologischen Strömung allerdings sehr viel früher begegnet – 1975, als sie ihr Buch *Die Hinreise* schrieb. In Vorlesungen in Mainz hatte sie darüber gelehrt, am „Union Seminary" in New York eine

Mystik-Klasse gehabt – diese theologische Tradition begleitete sie schon lange. Den Mystiker Meister Eckhart, den bedeutenden deutschen Theologen des Mittelalters, nennt sie ihren *großen Lehrmeister.* Hatte nicht Karl Rahner, der einflussreiche katholische Denker der fünfziger Jahre, recht mit seiner Prognose, das „Christentum der Zukunft wird mystisch sein, oder es wird nicht mehr sein"?

„Mystik": ist das nicht eher eine Art „spiritueller Artistik", fragte ihr Mann Fulbert Steffensky sie mit leisem Spott, als er die ersten Seiten ihres Manuskriptes gelesen hatte. Die Frömmigkeit, die einfache Suche nach einer Möglichkeit des Lebens bewegt doch die meisten Menschen. *Nichts anderes möchte ich doch,* antwortet sie, ihr wichtigstes Interesse sei die Mystik zu „demokratisieren", das heißt: *die mystische Empfindlichkeit, die in uns allen steckt, wieder zuzulassen, sie auszugraben aus dem Schutt der Trivialität.*

Das Vorwort zum Buch spiegelt das tiefe Verstehen zwischen Sölle und ihrem Mann – eine Art partnerschaftlichen Konkurrierens um die Sache des Glaubens, die beide beflügelt hat. „Die Mystik demokratisieren" übersetzt Fulbert Steffensky in der ihm eigenen elementarisierenden Art: „Jeder soll der Wahrheit nahe kommen dürfen. Für jeden Menschen soll es Orte der Absichtslosigkeit geben; die Schau; die Wahrnehmung der Lebensschönheit; der Genuss Gottes."

Sehnsucht nach Gott und das Streben, ihn unmittelbar zu erfahren in der Schönheit der Natur, der Beziehungen der Gemeinschaft und im Ertragen des Leidens, in der Erotik und in der Lebensfreude – was Sölle wohl besonders fasziniert an der mystischen Tradition, ist einerseits die Tatsache, dass mystische Erfahrungen immer schon die Grenzen eines kirchlich orientierten Christentums gesprengt haben, ja dass sie sogar die Grenzen einer einzelnen Religion überschreiten. Mystische Schriften und Hinweise auf diese

Erfahrung lassen sich, so zeigt Sölle, in allen Kulturen finden – bei den Mystikern des Mittelalters, bei den östlichen Zen-Traditionen, den islamischen Sufis, den Chassidim, der besonderen Tradition der Ostjuden. Ihre Gewährsleute sind nicht allein die bedeutenden mittelalterlichen Mystiker des Christentums wie Meister Eckhart, Heinrich Seuse, Mechthild von Bingen – sondern auch Dietrich Bonhoeffer, Mahatma Gandhi, Dag Hammarskjöld, Martin Luther King, die religiöse Bewegung der Quäker, Dom Helder Camara und Dorothy Day, die Gründerin der amerikanischen Bewegung der „Catholic Workers". Allen Personen, allen Bewegungen ging und geht es immer um die gleiche Sache: das Loslassen, das Zur-Ruhe-Kommen, schließlich die Aufmerksamkeit für den Augenblick, für das Pulsieren des Lebens.

Allerdings wird die Ganzheit des Lebens nur in Augenblicken erfahren – sie begegnet uns nur zerstückelt, in der Zersplitterung unseres Lebens. Das religiöse Bedürfnis, der unstillbare Hunger nach Gott, liegt dem menschlichen Wunsch zugrunde, ganz zu sein, der Wunsch nach einem Leben ohne Berechnung und Angst, ohne Absicherung. Vertrauen können, hoffen können, glauben können – alle diese Erfahrungen sind mit einem intensiven Glücksgefühl verbunden. Und eben um dieses Glück des Ganz-Seins geht es in der Religion.

Freilich verlässt Sölle zugleich die gewohnten Pfade des traditionellen Verständnisses der Mystik. Diese führen stets auf einen Weg nach innen, in die Versenkung, in die Innenschau der Seele, die schließlich zur „unio mystica", der mystischen Vereinigung, der Verschmelzung der Seele mit Gott führt. Für Sölle führt die Mystik zu einer neuen Beziehung zur Welt. *Im Sinn befreiender Theologie sieht die mit Gott vereinte Seele die Welt mit Gottes Augen an: Sie sieht, wie Gott, was sonst unsichtbar gemacht wird und keine Rolle spielt; sie*

hört das Gewimmer hungriger Kinder ... Das mystische Auge
erkennt in den befreienden Bewegungen, auch wenn sie sich säku-
lar formulieren, Gott am Werk; sehend, hörend, handelnd ... Es
ist eine Mystik der offenen Augen, und diese mistica revolucio-
ria (spanisch: revolutionäre Mystik) drückt sich in vielen Ver-
änderungen in der Praxis und der religiösen Lehre aus.

Mystisch erfahren, befreiend denken

Das ist zweifellos eine eigenwillige Deutung der Mystik – sie
vereint Betrachtung und Aktivität, passives und aktives
Leben, Weg nach innen und einen neuen Weg nach außen.
Weit entfernt von esoterischen Deutungen legt Dorothee
Sölle den Akzent auf eine *neue, befreiende Sicht der Welt,* auf
den Widerstand gegen alles, was dem Leben widerspricht,
das Gott gegeben hat. Sie schließt das Buch mit einem
Spruch, der unter den Quäkern, einer alten spirituell bestimmten christlichen Gemeinschaft kursiert: Mystisch
übertrieben gibt es *drei Qualitäten des Lebens, die allen offen*
stehen: grenzenlos glücklich, absolut furchtlos, immer in Schwie-
rigkeiten.
Ist Dorothee Sölle im Alter zur Mystikerin geworden?
Nein – jedenfalls nicht im traditionellen Sinn einer nach
innen gekehrten, von ihrer Gotteserfahrung lediglich in
paradoxen Formulierungen sprechenden, in der Ent-
rückung und Verzückung eigentlich lebenden Weisen.
Dazu war sie viel zu viel unterwegs, hat ein Leben geführt,
das von Einladungen und Vorträgen, vom Druck des
Bücherschreibens und öffentlichen Auftritten bis an den
Rand gefüllt war. Wie sollte sie da Formen der Meditation
üben? *Nein, für mich hat sich das nicht ergeben. Aber ich lebe in*
einer Welt, in der Besinnung, Nachdenklichkeit, Konzentration
wichtig ist. Abends bete ich oft einen Psalm. Ja, das Kontempla-

tivste ist die Musik. Das ist für mich eine innere Welt, die dort ganz stark drinnen steckt.

Glück und Pflicht

Im Jahr 1968 hatte Dorothee Sölle *Gedanken zu einer künftigen christlichen Ethik* entworfen. Phantasie und Gehorsam nannte sie die kleine, nur 90 Seiten umfassende Skizze. Ein Satz darin hat neben der prägnanten Auslegung der „Unwürdigen Greisin" von Bert Brecht eine ganze Generation junger Theologen fasziniert. *Wir müssen uns Jesus als einen glücklichen Menschen vorstellen* – dieser Satz gab dem Protest gegen einen institutionalisierten, von den Kirchen verwalteten Glauben einen neuen Namen: Glück. Glück nicht im heutigen Sinn eines Wohlergehens und Wohlfühlens, sondern im Sinn einer Selbstverwirklichung, im Sinn einer Freiheit des selbstbewussten Menschen, der „Ich" sagen konnte. Das kleine Buch wirkte damals wie das Entreebillet Sölles in eine aktuelle theologische Diskussion.

Es ist wie das Schließen eines Kreises, dass *Gott und das Glück* als Thema am Ende ihres Lebens stand. Vom 25. bis 27. April 2003 war sie gemeinsam mit ihrem Mann auf eine Tagung der Evangelischen Akademie Bad Boll eingeladen. Keiner der Teilnehmer konnte ahnen, dass dies ihr letzter Auftritt sein sollte. *Wenn du nur das Glück willst, willst du nicht Gott,* hatte sie ihren Vortrag überschrieben. Er kreiste um die Aufmerksamkeit gegenüber dem Augenblick, in der Erfahrung des Staunens über die Natur und die Menschen, denen sie begegnete – im Widerstehen für den Frieden, im unzerstörbaren Hoffen der Armen auf Befreiung, im Staunen ihrer Kinder und Enkel und der herrschaftsfreien Abhängigkeit von ihnen und zu ihnen und ihrem Mann.

Fulbert Steffensky hat wohl Recht mit der Aussage, das Zitat *Jesus war ein glücklicher Mensch* sei meist aus dem Zusammenhang gerissen und darum falsch verstanden worden, als sei es Sölle um ein Glück im Sinn einer freien Unabhängigkeit gegangen. Ihr Leben lang hat sie Glück nie als „frei von…" verstanden, sondern stets als „frei zu …" – eben zur Tat, zum Handeln, zur Selbstverpflichtung. „Sie war in ihrem Selbstbild ebenso preußisch wie ihre Mutter"; in einer Diskussion habe die einmal gesagt: „Glück – das gibt es nicht, es gibt nur Pflicht." Ähnlich habe auch seine Frau das Glück verstanden – „es ist die Pflicht, die Selbsthingabe, ja bis zur Selbstaufopferung".

In einem Brief hat Fulbert Steffensky die letzten Stunden seiner Frau festgehalten:

„Dorothee hatte im Januar einen mittelschweren Herzinfarkt, den sie selber nicht sehr ernst nahm. Wir fuhren für drei Wochen zu einer Rehabilitation an die Nordsee. Unmittelbar danach hat Dorothee wieder gearbeitet. Sie saß an einem Buch, das sie unbedingt beenden wollte. Sein Thema: ‚Mystik des Todes'. Die Arbeit an diesem Buch war ihre Sterbevorbereitung. Am 25. April fuhren Dorothee und ich nach Bad Boll, einer Evangelischen Akademie in der Nähe von Stuttgart. Thema der Tagung war ‚Gott und das Glück'. Sie hielt am Abend des 25. einen Vortrag mit dem Titel ‚Wer nur das Glück will, will nicht Gott'. Am Abend des 26. las sie aus Ihren Gedichten und Texten. Der letzte Text, den sie las, war ein Brief an ihre Enkelkinder, dabei weinte sie. Danach saßen wir mit einigen Freunden zusammen, tranken Wein und waren guter Dinge. Am frühen Morgen des 27. dann bekam sie einen neuen Herzinfarkt. Wir brachten sie in ein nahegelegenes Krankenhaus. Dort starb sie nach drei Stunden. Wie sie es beim Sterben ihrer Mutter getan hatte, sang ich ihr Lieder und betete Psalmen. Dann ist sie sehr sanft gestorben."

Das Buch, das sie noch schreiben wollte, ist Fragment geblieben: *Mystik des Todes.* Eine ihrer letzten Zeilen war ein Brief an den Tod. Er beginnt mit der Anrede *Dear Mr. Death. Ich fürchte mich nicht. Was ich fürchte, ist das Alleingelassenwerden, wenn mein Lache- und Weine-Partner vor mir fortmuss.* Und er schließt mit den Worten: *Manchmal vermute ich, dass Liebe – falls wir wissen, was wir mit diesem Wort sagen – das Einzige ist, wovor Sie Respekt haben. In diesem Sinn möchte ich Sie bitten, uns nicht zu trennen.*

Glaube an die Auferstehung, an ein ewiges Leben? Nein – nicht in dem Sinn, dass dieser Glaube vertröstet auf ein besseres Leben jenseits. *Was die Tradition „ein seliges Ende" nannte, war eine Bejahung des Fortgehens, ein nicht mehr krampfhaft am Weiterleben Festhalten, ein Ja zur Endlichkeit des geschaffenen Lebens. Lässt sich nicht an eine Geborgenheit denken, die nicht in meiner Weiterexistenz liegt, wohl aber in Gottes Weiterexistenz? „Ich in dir, du in mir, niemand kann uns scheiden" – reicht das nicht?*

Bibliografie (Auswahl)

Die Wahrheit ist konkret, Olten u. Freiburg/Br. 1967

Phantasie und Gehorsam. Überlegungen zu einer künftigen christlichen Ethik, Stuttgart 1968

Atheistisch an Gott glauben. Beiträge zur Theologie, Olten u. Freiburg/Br. 1968

Politisches Nachtgebet in Köln (2 Bände), hg. v. Dorothee Sölle / Fulbert Steffensky, Stuttgart 1969/1970

Politische Theologie. Auseinandersetzung mit Rudolf Bultmann, Stuttgart 1971

Leiden, Stuttgart 1973

Die Hinreise. Texte und Überlegungen zur religiösen Erfahrung, Stuttgart 1975

Sympathie. Theologisch-politische Traktate, Stuttgart 1978

Wählt das Leben, Stuttgart 1979

Das Recht ein anderer zu werden, Stuttgart 1981

Im Hause des Menschenfressers. Texte zum Frieden, Reinbek 1981

Lieben und arbeiten. Eine Theologie der Schöpfung, Stuttgart 1985

Ein Volk ohne Vision geht zugrunde (Sprüche Salomos 29,18). Anmerkungen zur deutschen Gegenwart und zur nationalen Identität, Wuppertal 1986

Das Fenster der Verwundbarkeit. Theologisch-politische Texte, Stuttgart 1987

Dorothee Sölle im Gespräch, hg. v. Theo Christiansen u. Johannes Thiele, Stuttgart 1988

Gott denken. Einführung in die Theologie, Stuttgart 1990

Es muss doch mehr als alles geben. Nachdenken über Gott, Hamburg 1992

Gott im Müll. Eine andere Entdeckung Lateinamerikas, München 1992

Mutanfälle. Texte zum Umdenken, Hamburg 1993

Gegenwind. Erinnerungen, Hamburg 1995
Mystik und Widerstand. „Du stilles Geschrei", Hamburg 1997
Mystik des Todes, Stuttgart 2003

Gesammelte Werke (12 Bände), hg. v. Ursula Baltz-Otto und
   Fulbert Steffensky, Stuttgart 2006 ff. (2008: sieben Bände
   erschienen)

Mit Ernesto Cardenal:

Gebet für Marilyn Monroe. Meditationen, Wuppertal 1984

Mit Luise Schottroff:

*Die Erde gehört Gott. Ein Kapitel feministischer Befreiungs-
literatur*, Reinbek 1984/Wuppertal 1995
*Den Himmel erden. Eine ökofeministische Annäherung an die
Bibel*, München 1996
Jesus von Nazaret, München 2000

Mit Fulbert Steffensky:

Nicht nur Ja und Amen. Von Christen im Widerstand, Reinbek
   1983
Wider den Luxus der Hoffnungslosigkeit, Freiburg/Br. 1995
Zwietracht in Eintracht. Ein Religionsgespräch, Zürich 1996
Löse die Fesseln der Ungerechtigkeit. Predigten. Stuttgart 2005

Gedichte:

Meditationen und Gebrauchstexte (1969)
Die revolutionäre Geduld (1974)
Fliegen lernen (1979)
Spiel doch von Brot und Rosen (1981)
Verrückt nach Licht (1984)
Zivil und ungehorsam (1990)
Loben ohne Lügen (2000)
(alle im Wolfgang Fietkau Verlag Kleinmachnow)

über Dorothee Sölle:

Britta Baas (Hg.): *Dorothee Sölle – „eine feurige Wolke in der Nacht"*, Oberursel 2004
Sarah K. Pinnock (Hg.): *Theology of Dorothee Soelle*, New York 2004

Bildnachweis

Titel unter Verwendung eines Fotos von Thomas Lohnes/ epd-bild; Umschlag innen: Archiv Fietkau; S. 2: epd/Rostami-Rabet (1999); S. 4: privat; S. 9: Hans Lachmann/Nachlass Mey (1983 auf der 6. Vollversammlung des Ökumenischen Rates der Kirche in Vancouver); S. 16: Privatarchiv Steffensky (v.l.n.r.: Geschwister Thomas, Sabine, Carl und Dorothee Nipperdey); S. 23, 33, 40: Privatarchiv Steffensky; S. 54: Privatarchiv Steffensky (Dorothee Sölle mit Fulbert Steffensky); S. 63: epd-bild/Neetz (1985 auf dem Deutschen Ev. Kirchentag Düsseldorf); S. 78: Hans Lachmann/Nachlass Mey; S. 96: epd/Krause/Rey (Sitzblockade am US-amerikanischen Giftgaslager in Fischbach in der Pfalz); S. 105: pa/dpa/Rick

Lebensdaten

1929	30. September: Geburt in Köln als viertes von fünf Kindern des Professors für Arbeitsrecht und Präsidenten des Arbeitsgerichtes Kassel Hans Carl Nipperdey und seiner Frau Hildegard, Kindheit und Schulzeit in Köln
1945	April/Mai: zweimonatiger Aufenthalt in Jena Besuch des Mädchengymnasiums Köln; Beschäftigung mit Nietzsche, Benn, Heidegger, Camus, Sartre und Kierkegaard
1949	Studium der Philosophie, Germanistik und Klassischen Philologie in Köln und Freiburg
1951	Studium der Evangelischen Theologie und Germanistik in Göttingen, unter anderem bei Friedrich Gogarten
1954	Staatsexamen; Heirat mit dem Maler Dietrich Sölle; Religions- und Deutschlehrerin in Köln
1956	Geburt des Sohnes Martin
1957	Geburt der Tochter Michaela
1960	freie Mitarbeiterin für Rundfunk und Zeitschriften
1961	Geburt der Tochter Caroline
1962	Assistenz am Philosophischen Institut der TH Aachen
1964	bis 1967 wissenschaftliche Mitarbeiterin an der Universität Köln
1965	Trennung von ihrem Ehemann Dietrich Sölle; *Stellvertretung – ein Kapitel Theologie nach dem „Tode Gottes"*
1967	Beginn der lebenslangen Freundschaft mit Heinrich Böll

1968	*Atheistisch an Gott Glauben*; *Phantasie und Gehorsam*; Beginn der Politischen Nachtgebete in Köln als Reaktion auf den Vietnamkrieg
1969	Heirat mit Fulbert Steffensky
1970	Geburt der Tochter Mirjam; Mitgliedschaft im P. E. N.
1971	Habilitation an der Philosophischen Fakultät der Universität Köln; Politische Theologie
1972 bis 1975	Lehrauftrag an der Ev. Theologischen Fakultät der Universität Mainz
1973	*Leiden*
1974	Theodor-Heuss-Medaille
1975 bis 1987	Professur am Union Theological Seminary in New York; *Die Hinreise*
1978	*Sympathie. Theologisch-politische Traktate*
1979	*Fliegen lernen. Gedichte; Wählt das Leben*
1981	Lessing-Preis der Stadt Hamburg; *Das Recht, ein anderer zu werden; Im Hause des Menschenfressers. Texte zum Frieden*
1982	Droste-Hülshoff-Preis der Stadt Meersburg
1983	Referat bei der XI. Vollversammlung des Ökumenischen Rates der Kirchen in Vancouver
1985	*Lieben und arbeiten*; Verurteilung wegen Nötigung im Zuge des Protestes gegen die Stationierung von Pershing-II-Raketen
1987–1988	Gastprofessur an der Gesamthochschule Kassel
1987	*Das Fenster der Verwundbarkeit*
1988	erneute Verurteilung wegen versuchter Nötigung im Zuge des Protestes gegen US-Giftgasdepots in Deutschland
1990	*Gott denken. Einführung in die Theologie*

1991–1992	Gastprofessur an der Universität Basel
1992	*Es muss doch mehr als alles geben. Nachdenken über Gott*
1994	Ehrenprofessorin der Universität Hamburg
1994ff	theologische, politische und literarische Arbeiten als freie Schriftstellerin und Gastdozentin an der Universität Hamburg, weltweite Vortragsreisen
1995	*Gegenwind. Erinnerungen*
2003	*Mystik des Todes*; 27. April: Tod Dorothee Sölles auf einer Vortragsreise in Göppingen

Zitate über Dorothee Sölle

An Dorothee Sölles Art, das Evangelium als Inspiration neu zu lesen und gemeinsam neu zu leben, werden sich auch weiterhin die Geister scheiden.
Helmut Gollwitzer

Dass es heute Bischöfinnen gibt, ist nicht zuletzt ein Werk von Dorothee Sölle.
Antje Vollmer

Der Satz, der mich in meinem Leben am tiefsten betroffen gemacht hat, ist der Satz von Dorothee Sölle: „Christ sein bedeutet das Recht, ein anderer zu werden."
Peter Bichsel

Sie hat den Glauben in eine Sprache übersetzt, aus der das tötende Dogma verbannt ist, wo Glauben anfängt zu singen, zu vibrieren, zu streiten, zu hoffen, zu lieben und zu arbeiten.
Friedrich Schorlemmer

Viele hat es natürlich gestört, wenn sie provoziert hat, vor allem mit dem Anschluss an Nietzsche: „Gott ist tot." Damit meinte sie ja nicht den Tod Gottes sondern, wie sie immer gesagt hat, den Abschied von der „Papa-wird's-schon-richten-Theologie". Dieser Impuls ist wichtig, um Menschen zum Nachdenken zu bringen. Gerade in der evangelischen Kirche ist uns wichtig, dass wir uns nicht alles vorsetzen lassen, sondern selbst ringen um den Glauben, das Gottesverständnis. Dazu hat sie viele Menschen angeregt, wenn sie auch bestimmt nicht immer einfach war für ihre Kirche.
Margot Käßmann